O contrato de fiança e sua exoneração na locação

CB031416

1221

C672c Coelho, José Fernando Lutz
O contrato de fiança e sua exoneração na locação /
José Fernado Lutz Coelho. — Porto Alegre: Livraria
do Advogado, 2002.
155p.; 14x21 cm.

ISBN 85-7348-227-3

1. Fiança civil. 2. Locação. I. Título.

CDU 347.466

Índices para o catálogo sistemático:

Fiança civil
Locacão

(Bibliotecária responsável: Marta Roberto, CRB-10/652)

José Fernando Lutz Coelho

O contrato de fiança e sua exoneração na locação

livraria
DO ADVOGADO
editora

Porto Alegre 2002

© José Fernando Lutz Coelho, 2002

Capa, projeto gráfico e diagramação
Livraria do Advogado Editora

Revisão
Rosane Marques Borba

Direitos desta edição reservados por
Livraria do Advogado Ltda.
Rua Riachuelo, 1338
90010-273 Porto Alegre RS
Fone/fax: 0800-51-7522
livraria@doadvogado.com.br
www.doadvogado.com.br

Impresso no Brasil / Printed in Brazil

Aos meus pais, *Luiz Arami* e *Ivone*, com quem aprendi que a motivação da nossa vida é a felicidade.

A esposa, *Iara*, filhos, *Wagner Arami* e *Luiz Felipe*, minha razão de bem viver.

Ao escrever um livro, acabo sempre aprendendo alguma coisa.

Domenico de Masi

Abreviaturas

AJURIS   Associação dos Juízes do Rio Grande do Sul
Ap.   apelação
Art.   artigo
Câm.   Câmara
CC   Código Civil
CDC   Código de Defesa do Consumidor
CPC   Código de Processo Civil
CF   Constituição Federal
Dec   Decreto
DJU   Diário da Justiça da União
Inc.   Inciso
j.   julgado
n.   número
TARJ   Tribunal de Alçada do Rio de Janeiro
REsp.   Recurso Especial
TARS   Tribunal de Alçada do Rio Grande do Sul
TJRS   Tribunal de Justiça do Rio Grande do Sul
Rel.   Relator
Resp.   Recurso Especial
RT   Revista dos Tribunais
REsp.   Recurso Especial
STJ   Superior Tribunal de Justiça
v.g.   *verbi gratia*
v.u.   votação unânime

Prefácio

O direito de morar tem adquirido contorno cada vez mais social, deixando de ser um simples elemento de vontade ou mesmo uma possibilidade econômica de quem o pretende para se transformar numa importante preocupação de gerenciamento estatal, tendo como decorrência o alargamento das cidades e conseqüente despovoamento do campo, gerando um grande conflito urbano de dimensões cada dia crescente e de perspectivas não muito alvissareiras.

De outro lado, impossibilitado de cumprir uma política plena que outorgue a cada cidadão sua moradia, por ausência de um gerenciamento específico ou mesmo de insuficiência de caixa, o certo é que o Estado brasileiro procura remediar essa situação intervindo fortemente nas relações locatícias urbanas, atribuindo-lhes uma função social implícita.

Diante dessa constatação, a obra do Dr. José Fernando Lutz Coelho - *O contrato de fiança e sua exoneração na locação* -, que me honra com seu pedido para prefaciá-la, ganha importância quando se sabe que é através dessa garantia pessoal que as locações são concretizadas na sua maioria.

O empenho ditado na obra por seu Autor, professor pós-graduado em direito pela Universidade Federal de Santa Maria, no sentido de discutir as possibilidades de sua implementação ou exoneração já traduz e demonstra a sua necessidade no meio jurídico.

Não fora isso, o raciocínio claro e didático colocado pelo Autor no seu desenvolvimento deixa o livro de fácil manuseio, inclusive por quem não é iniciado na ciência do Direito.

Porto Alegre, março de 2002.

Des. WELLINGTON PACHECO BARROS

Sumário

1. Introdução 15
   1.1. Delimitação do tema 15
   1.2. Método adotado 17

2. O contrato de fiança 21
   2.1. Definição e características 21
   2.2. Natureza jurídica 25
   2.3. Requisitos 28

3. As garantias locatícias 31
   3.1. As garantias na legislação anterior 31
   3.2. As garantia na Lei nº 8.245/91 35
   3.2.1. A fiança 37
   3.2.1.1. A carta de fiança 41
   3.2.1.2. A fiança por procurador 42
   3.2.1.3. Fiador analfabeto 43
   3.2.2. A caução 44
   3.2.3. O seguro de fiança locatícia 47

4. Questões controvertidas na fiança locatícia 51
   4.1. A renúncia do direito à exoneração 51
   4.2. A morte do locatário 58
   4.3. A morte do cônjuge do fiador 65
   4.4. A ausência de outorga uxória ou autorização marital
   na fiança 68
   4.4.1. Da nulidade ou anulabilidade da fiança prestada
   sem anuência de um dos cônjuges 71
   4.4.2. Da manutenção da responsabilidade do cônjuge
   signatário 72
   4.5. Alteração fática e exoneração automática 74

5. Modos de extinção da fiança na locação 77
   5.1. A prescrição 78
   5.2. Da novação 80
   5.2.1. A novação na relação locatícia 83

5.2.2. A súmula 214 do STJ 87
5.3. Da moratória 89
5.3.1. No direito comparado 90
5.3.2. Requisitos da moratória 91
5.3.3. A renúncia do fiador ao direito 95
5.3.4. Os efeitos 98
5.4. Outras causas extintivas 99

6. A ação de exoneração de fiança 101
6.1. As condições da ação 101
6.2. A petição inicial 105
6.3. Valor da causa 109
6.4. Competência 110
6.5. O rito processual 111
6.6. Antecipação de tutela 113
6.7. A sentença de exoneração da fiança 121
6.8. Da assistência 125
6.9. Substituição processual 126

7. Outras ações pertinentes ao fiador 129
7.1. Ação cominatória 130
7.2. Ação de Despejo 132
7.3. A execução ou cobrança 135
7.4. Das perdas e danos 139
7.5. Embargos à execução 140
7.5.1. Na execução com título extrajudicial 142
7.5.2. Na execução com título judicial 143
7.5.3. A exceção de pré-executividade 146
7.6. Embargos de terceiro 149

8. Considerações finais 151

Bibliografia 153

1. Introdução

1.1. Delimitação do tema

O objetivo da obra é demonstrar a possibilidade do fiador nas obrigações contratuais decorrentes de fiança locatícia, de liberar-se da garantia, ensejando de forma clara, os requisitos indispensáveis para tal, sem evidentemente, esgotar o assunto de extrema importância no contexto atual.

A razão do tema decorre da grande utilização da fiança nos contratos de locação de imóveis urbanos, regulados pela lei do inquilinato (8.245/91), onde a modalidade de garantia mais adotada pelas partes contratantes, na vinculação entre locador e locatário, sejam nas relações locatícias que envolvem imóveis para fins residenciais ou não-residenciais (comerciais, industriais, profissionais liberais, sociedades civis, etc.), é, sem dúvida, o pacto acessório da fiança locatícia, seja inserido em uma das cláusulas contratuais ou sob forma de instrumento vinculado ao pacto contratual principal.

Embora a lei de locações tenha enumerado as modalidades de garantia, tais como a caução de bens móveis e imóveis, fiança e seguro de fiança locatícia, a fiança como garantia pessoal e fidejussória, continua preferindo as demais.

É em virtude da ampla utilização desta modalidade, que resultam inúmeras questões contraditórias, que envolvem as partes contratantes, principalmente o fiador, como garantidor das obrigações contratuais, onde

O contrato de fiança e sua exoneração na locação

embora preste em favor pessoal ao locatário, na realidade está vinculado ao locador, pois a deferência da garantia serve a este, tanto é que poderá ser prestada sem qualquer anuência do afiançado, no caso, o locatário, constituindo assim um negócio jurídico bilateral entre fiador e o credor (locador), não tendo o locatário como devedor principal, que promete a fiança, nenhuma ingerência jurídica no contrato, embora possa gerar a dívida, com o inadimplemento dos aluguéis e encargos da locação, aliás, sobre o pacto fidejussório, imprescindível a leitura do mestre Pontes de Miranda.[1]

A questão básica, sendo o ponto nevrálgico da discussão, envolve as controvérsias e dúvidas que pairam e por efeito, divergem a doutrina e jurisprudência, no que pertine a exoneração da fiança prestada nos pactos locatícios.

O Código de Processo Civil Brasileiro e a lei específica das locações urbanas não enumeram ação timbrada, ou não tipifica ação exoneratória, como faz com as ações nominadas, na própria lei do inquilinato, ou seja, ação revisional de aluguel, ação de despejo, ação de consignação em pagamento e ação renovatória de locação.

Por óbvio, a todo direito corresponde uma ação que o assegura, neste sentido, os garantidores não necessitam perpetuarem-se nas locações, mas deverão utilizar a correspondente ação de exoneração de fiança, para livrarem-se da obrigação contratual, que os vincula como responsáveis por todas as obrigações decorrentes do contrato de locação, principais pagadores e devedores solidários, onde a responsabilidade se estende até a efetiva entrega das chaves do imóvel objeto da locação.

É importante ressaltar que existem hipóteses legais, onde a fiança se extingue, independentemente de ação judicial, mas são situações excepcionais taxativamente enumeradas pelo legislador, como *numerus clausus*, que

---

[1] PONTES DE MIRANDA, Francisco Cavalcanti. *Tratado de Direito Privado.* 3.ed., tomo XLIV, São Paulo: RT, 1984, par. 4.781, p. 95.

podemos destacar; a morte dos fiadores, morte do afiançado (em algumas hipóteses), a moratória e novação, esta última, desde que devidamente caracterizada como forma criativa de nova obrigação.

Portanto, busca-se esclarecer de forma sucinta e objetiva a utilização de ação, como direito subjetivo de exigir a prestação jurisdicional, baseado numa pretensão de direito material, com o preenchimento dos requisitos necessários para exercício da ação, almeje o provimento (pedido imediato), para tutelar um bem jurídico (pedido mediato), onde a providência pleiteada, caso acolhida, proporcionará uma sentença,[2] que terá o condão de exoneração do fiador, conforme expressamente dispõe o legislador pátrio no art. 1.500 do Código Civil.

1.2. Método adotado

O trabalho resulta da preocupação de indicar os elementos imprescindíveis, ao fiador como devedor solidário (que quase na totalidade das vezes renuncia ao benefício de ordem), tornando-se principal pagador, possa de maneira eficaz obter uma prestação jurisdicional efetiva, sem esbarrar ou emperrar no caminho, evitando os percalços da estrada, pois a ação que propicia tal provimento de liberação apresenta facetas e detalhes, que merecem ser devidamente obstados, sob pena de não lograr êxito na pretensão substancial.

O fiador, na verdade, pode ser considerado um "ser garantidor" ideal, que até poderá vir a extinguir-se, tais as funestas conseqüências que decorrem da sua obrigação acessória em contrato de locação, com rigorismos da lei inquilinária, que devem ser observados (como a responsabilidade até a efetiva entrega do imóvel ou a discutível renúncia ao próprio direito de exoneração).

---

[2] A sentença traduz uma declaração de direito, compondo a lide, sendo que a classificação tradicional da doutrina estabelece em declaratória, condenatória e constitutiva.

O contrato de fiança e sua exoneração na locação

Como não bastasse, o fiador não pode sequer opor a impenhorabilidade do bem de família, consagrada na Lei 8.009/90, em que o imóvel residencial da família não pode ser objeto de penhora, exatamente, porque em face do art. 82 da Lei 8.245/91, inseriu o inciso VII no art. 3º da referida lei da impenhorabilidade, onde como forma de excepcionar, o imóvel residencial do fiador, mesmo sendo único, por decorrência de fiança locatícia, poderá ser objeto de constrição judicial, que poderá ensejar a venda judicial, através de hasta pública, melhor dizendo praça, e causando nada menos que a perda da sua propriedade.

Em virtude da relevante responsabilidade do fiador, o que reportamos a ressaltar, na maioria desconhecem a sua real extensão, por exemplo: como leigo, iludir-se que sua obrigação contratual com aluguéis, reajustes legais, encargos de condomínio (despesas ordinárias), água, luz, imposto predial e seguro contra incêndio (estes dois últimos, desde que previstos no contrato) estará limitada ao prazo da locação, quando ao contrário, os contratos estipulam até a efetiva devolução do imóvel, e diante do vencimento, prorrogam-se automaticamente por tempo indeterminado, e permanecem fiadores, exceto se ocorrerem hipóteses legais, ou, vislumbrarem adequadamente da ação de exoneração de fiança.

O nosso posicionamento não é pacífico acerca da ação liberatória, mas com certeza, embasa-se na doutrina e na jurisprudência majoritária, ainda, procuramos justificar com fundamentos plausíveis, buscando resolver as problemáticas exegéticas, e até, tentando destacar a evolução da garantia fidejussória, no caso específico, a fiança locatícia.

As conclusões serão expendidas em cada fase do trabalho, na medida em que objetivamos transpor os obstáculos e resolver alguns problemas, que ensejam uma comparação das divergências doutrinárias e jurisprudenciais, inclusive, do Superior Tribunal de Justiça.

As indicações e notas bibliográficas têm o intuito de instrumentalizar a pesquisa realizada na confecção da obra, além de produzir fonte de consulta sobre os temas tratados.

A bibliografia citada no trabalho não se restringe apenas às citadas ao longo da exposição; entendemos que o trabalho não exaure todos as situações que podem ensejar controvérsias, por tais motivos, foram indicadas obras que eventualmente possam discernir outras questões de relevância, sendo esta a razão do critério apontado.

Para elucidar, fizemos menção às abreviaturas e termos latinos utilizados, com a intenção de facilitar e proporcionar a exata compreensão dos termos exarados e transcritos.

Por tudo isso, a satisfação será plena, diante da colocação aos operadores do direito, não apenas de dicas, mas de requisitos e atendimento de pressupostos básicos, no sentido de obtenção efetiva da pretensão a ser deduzida na exoneração de fiança, resultante de contrato de locação, regulados pela lei do inquilinato e pelo Código Civil.

2. O contrato de fiança

2.1. Definição e características

A expressão *fiança* é derivada do verbo *fiar* (que significa confiar), originado do latim *fidere*); tal significado se apresenta com um enorme senso de atualidade, já que, hodiernamente, o instituto da fiança, pelo seu desmedido comprometimento por parte do fiador, tem sido empregado somente entre pessoas que possuem mútua confiança.

O direito babilônico não se referia à fiança, pois como era época da vigência do Código de Hamurabi, o devedor respondia fisicamente por seus débitos v.g. morte ou escravidão; quando o objetivo era afiançar outrem, não o afiançava, mas o sustentava, e o fiador era tido como aquele que sustentava a cabeça do devedor.

Já no direito germânico, regido pelas penas físicas, o fiador poderia ser, em certa época, sujeito às mesmas penas que se empregaria ao devedor pelo adimplemento da dívida.

Atualmente, as penas físicas não vigoram mais, no entanto, a fiança tem-se mostrado um instituto jurídico que enseja uma verdadeira escravidão do patrimônio do fiador para com o credor do afiançado.

A fiança, segundo nosso sistema jurídico, pode ser convencional, legal e judicial, no entanto no presente trabalho, restringe-se a fiança convencional que reflete a espécie que aqui nos interessa.

O contrato de fiança e sua exoneração na locação

Essa fiança convencional é a que resulta do contrato, configurando um ato voluntário de um terceiro, fiador, que se compromete em garantir, em todo ou em parte, o cumprimento de uma obrigação que outrem, devedor-afiançado, assumiu para com um credor, caso esse devedor não cumpra com o avençado.

A *Fianza*, para o Código Civil argentino, tem a infracitada idéia:

Art. 1986. Habrá contrato de fianza, cuando una de las partes se hubiere obligado accesoriamente por un tercero, y el acreedor de ese tercero aceptase su obligación accesoria.[3]

No Código Civil pátrio, podemos vislumbrar o conceito legal desse instituto:

Art. 1.481. Dá-se o contrato de fiança, quando uma pessoa se obriga por outra, para com o seu credor, a satisfazer a obrigação, caso o devedor não a cumpra.

Tira-se desse artigo também o caráter subsidiário da fiança, na qual o fiador somente adimplirá o débito do devedor, se este não pagar, não podendo se executar diretamente o fiador.

Ou seja, naturalmente não há solidariedade nos contratos de fiança, salvo é claro se aquela foi preestabelecida, por isso, podemos considerar que *a solidariedade, na fiança, é atípica*.[4]

Como exemplo, nos atuais contratos de locação, é de praxe que o fiador assuma seu encargo qualificado expressamente como principal pagador ou devedor solidário, neste caso o fiador figura juntamente com o afiançado como principal devedor, podendo ser executado diretamente pela dívida, sem necessidade de promover primeiramente ação executiva contra o afiançado.

[3] SALERMO, Marcelo U.; LAGOMARSINO, Carlos A. R. (concordato y comentado). *Código Civil Argentino y legislación complementaria*. Buenos Aires: Editorial Helialista, 2000.

[4] PONTES DE MIRANDA. *Tratado de direito privado*. Rio de Janeiro: Editora Borsoi, 1972. Tomo XLIV.

A fiança, nas palavras de Caio Mário da Silva Pereira,[5] *"compreende-se todo negócio jurídico com o objetivo de oferecer ao credor uma segurança de pagamento, além daquela genérica situada no patrimônio do devedor"*, no entanto, em que pese o entendimento do ilustre autor, pode ser, na verdade, a única garantia do credor pelo fato de o devedor não possuir bens materiais suficientes para se responsabilizar pelo adimplemento da obrigação, ou até possua, mas são impenhoráveis v.g. bens de família.

A fiança possui uma certa conotação com o temor do credor de que poderá haver o inadimplemento da obrigação pelo devedor, e pensando assim, esse busca uma garantia.

Consiste então num contrato de garantia, e encontra-se no gênero caução, que se divide em caução real ou pessoal. A fiança pertence à espécie de garantia pessoal, e neste caso pode ser chamada de caução ou garantia fidejussória.

Podemos situar a fiança dentro um tipo de responsabilidade sem obrigação, isto é, o fiador é responsável pelo pagamento do débito somente na hipótese de inadimplemento da obrigação por parte do afiançado, este sim originariamente obrigado ao pagamento do débito principal, pois de plano não existe obrigação alguma para o fiador, apenas responsabilidade.

Pode ser garantia de toda a obrigação, ou de apenas parte dela.

Dessa forma, pode ter como objeto toda a obrigação ou dívida do afiançado com o seu credor, ou apenas parte desta, sendo que jamais pode exceder os limites do débito ou obrigação principal, pois a fiança *in durioram causam* é fiança excessiva e não pode prosperar.

O efeito imediato da fiança excessiva será a limitação de sua eficácia, pois valerá somente quanto à obriga-

---

[5] PEREIRA, Caio Mário da Silva. *Instituições de direito civil.* Rio de Janeiro: Editora Forense, 1997. v. III, p. 327.

ção principal, e quanto ao excesso, a garantia tornar-se-á inválida.

Vemos a mesma intenção legal no Código Civil espanhol:

Artículo 1826. El fiador puede obligarse a menos, pero no a más que el deudor principal, tanto en la cantidad como en lo oneroso de las condiciones. Si se hubiera obligato a más, se reducirá su obligación a los límites de la del deudor.[6]

O Código Civil argentino, quando se refere ao *objeto de la fianza*, expressa o seguinte:

Art. 1991. La fianza no puede tener por objeto una prestación diferente de la que forma la materia dela obligación principal.[7]

Disso se denota que o contrato de fiança, no sistema civil argentino, restringe o objeto da fiança à obrigação principal, não devendo ser maior ou menor que o que se pactua para o contrato principal.

Ademais, o contrato de fiança interpreta-se restritivamente, pois já sendo um encargo do devedor principal pelo qual o fiador se responsabiliza, não é de supor que este venha a se obrigar por valores que não anuiu, ou seja, sobre a fiança, o art. 1.483 do C.C. acorda que "não admite interpretação extensiva". Na dúvida, a interpretação do contrato de fiança há de ser a favor do fiador.[8]

Quando se fala em voluntariedade do ato que contrata a fiança, refere-se à vontade imprescindível do fiador e da aceitação do credor, pois se trata de negócio jurídico que prescinde da presença e da anuência do afiançado.

---

[6] Código Civil Espanhol. Aranzadi Editorial, 2000.

[7] SALERMO, Marcelo U. & LAGOMARSINO, Carlos A. R. (concordato y comentado). *Código Civil Argentino y legislación complementaria.* Buenos Aires: Editorial Helialista, 2000.

[8] PONTES DE MIRANDA. *Tratado de direito privado.* Rio de Janeiro: Editora Borsoi; 1972. Tomo XLIV; p. 145.

Ou seja, a fiança pode ser perfectibilizada sem a manifestação da vontade do devedor, ou mesmo contra a sua vontade.

O que pode ser avençado entre o fiador e o afiançado fica no mundo fático, pois o devedor precisando de um garantidor para sua obrigação procura alguém que o abone com o credor através de uma garantia fidejussória, e assim, em concordância, o terceiro presta fiança diante do credor, sem que juridicamente haja interferência do afiançado.

2.2. Natureza jurídica

A fiança convencional que se aperfeiçoa através do contrato entre as partes caracteriza-se por ser acessória, solene, e de regra, um contrato gratuito.

É um contrato acessório porque não persiste sem a existência de uma dívida, ou um contrato principal. Deve ser confeccionado juntamente ou posteriormente ao contrato principal, mas nada impede que se pactue anteriormente, somente havendo a ressalva, que a eficácia deste torna-se suspensiva, emitindo efeitos unicamente depois de firmada a dívida principal.

A acessoriedade é então uma de suas características, pois não se aceita a sua existência sem haver um contrato principal ao qual garanta. Dessa forma, embora possa ser firmada por instrumento autônomo, deve sempre referir-se ao pagamento de uma obrigação principal, que figura como origem da fiança, tanto é assim, que se o contrato que a originou é nulo, também será nula a fiança.

A solenidade é intrínseca à fiança, pois tem sua validade relacionada a certos requisitos, dentre os principais, temos a forma escrita e a presença da outorga uxória.

Também é da característica desse contrato, a sua gratuidade, pois o fiador presta-a com o intuito de auxiliar o afiançado, não perquirindo nenhuma contra-prestação por tal favor. Porém, nada impede que se venha a convencionar ao contrário, e que o fiador receba alguma remuneração.

É um contrato que não se concretiza sem a emissão das vontades do fiador, que assim se mostra consciente na prestação da fiança, e do credor que tem que aceitar o fiador. Dessa forma, tal contrato apresenta uma bilateralidade, pois se condiciona a uma dupla emissão de vontades.

Já no que concerne aos deveres resultantes da fiança para as partes, pode-se dizer que é um contrato unilateral, pois uma vez ultimado, só gera obrigações para o fiador, em relação ao credor.[9]

Não se pode confundir a fiança com o aval, pois são institutos distintos, onde a fiança é uma garantia pessoal vinculada geralmente aos pactos contratuais, com exceção da fiança legal ou judicial, diferentemente do aval, garantia ligada aos títulos de créditos e débitos cambiários, em que a obrigação é autônoma e formal, direta do avalista.

É comum nas relações contratuais, inclusive em contratos de locação, em que a garantia prestada é denominada como avalista, ou seja, equivocadamente, ao invés de enunciar fiadores, menciona-se avalista ou avalistas, destacando uma anomalia e total inadequação, que em tese não gera a invalidade da garantia, pois o que deve ser respeitada é a real vontade dos contratantes, não a sua denominação, embora esse posicionamento não seja pacífico, em vista das gritantes diferenças entre os dois institutos, que de forma ilustrativa indicamos as que entendemos mais importantes:

a) a fiança convencional é garantia em contratos, como nos contratos de locação, financiamentos etc.; o aval é garantia cambiária;

---

[9] RODRIGUES, Sílvio. *Direito civil*. São Paulo: Saraiva, 1983. v. III, p. 394.

b) na fiança é necessária a outorga uxória ou autorização marital, conforme o caso; no aval não necessita;

c) a fiança é formulada subsidiariamente no contrato, como cláusula inserida neste, ou em documento acessório vinculado ao principal; o aval deve ser subscrito no próprio título de crédito;

d) a fiança se caracteriza pelo benefício de ordem em favor do fiador, com exceção na hipótese em que o fiador renuncia ao benefício, assumindo a responsabilidade como principal pagador e devedor solidário, v.g. a obrigação ao pagamento dos alugueres e encargos locatícios; no aval não existe o benefício de ordem, podendo o avalista ser acionado isoladamente, independente de ser integrado no pólo passivo o devedor avalizado;

e) na fiança, o fiador se liga subjetivamente, *intuitu personae*, ajustado em virtude da confiança pessoal do garantidor, pois o credor tem o direito de escolher o fiador, seja pela sua idoneidade moral ou financeira, onde se evidencia a responsabilidade no aval, o elemento é objetivo, pois o avalista se vincula ao título cambiário, pela simples assinatura no título, sem qualquer explanação ou definição, assina e pronto;

f) no instituto da fiança como garantia fidejussória, é perfeitamente possível a substituição, em caso de insolvência ou incapacidade, como se destaca pela disposição legal do art. 1.490 do CC, ou ainda, nas situações elencadas no art. 40 da lei do inquilinato, entre esses casos estão: a morte do fiador; ausência, interdição, falência ou insolvência, declarados judicialmente; a exoneração do fiador judicial ou amigável; a extinção do prazo fixado na fiança, expressamente convencionado; ao contrário, no aval, não existe possibilidade de substituição;

g) o fiador pode liberar-se da garantia prestada, em face do dispositivo expresso, constante do art. 1.500 do CC, exoneração judicial ou via distrato; o aval não concede essa possibilidade jurídica.

O contrato de fiança e sua exoneração na locação

2.3. Requisitos

É essencial para o contrato de fiança que haja participação de três personalidades: o credor, o devedor principal e o fiador, embora a garantia fidejussória seja estipulada entre o fiador e o credor, e o contrato principal se aperfeiçoa entre credor e afiançado. Também é imprescindível que este último tenha capacidade jurídica, pois somente sendo capaz poderá emitir sua vontade desvencilhada de qualquer eiva. Tal volição é condição de existência da fiança, como é a vontade em qualquer espécie de contrato.

O sócio da empresa que não possua poderes especiais para tal não pode dar fiança, pois juridicamente não representa a empresa para a realização deste contrato.

Outra condição inerente ao pacto fidejussório é a aceitação do credor.

O credor quer uma garantia para, no caso de inadimplemento do devedor principal, ter a certeza de que receberá seu crédito, pois jamais concordará com uma fiança que tenha um fiador inidôneo, incapaz de solver o débito decorrente da impossibilidade de cobrança do devedor. Ou que, pelo menos, neste caso, tal fiador tenha um patrimônio que possa futuramente ser responsável pela solvência do débito fidejussório.

Para que possa facilitar a execução, na prática, exige-se, embora não seja obrigatório, que o fiador seja domiciliado ou tenha imóveis no município onde a fiança for contratada, isto é, no lugar de execução do contrato principal.

O contrato de fiança exige forma escrita, por instrumento público ou particular, jamais se admitindo a sua efetivação por forma oral, considerando-a inexistente se assim for feita.

A obrigação principal convencionada por forma oral v.g. contrato de arrendamento, imprescindível é que a fiança seja por escrito.

Também não se pode falar em fiança prestada de forma tácita, porque além da exigência formal de que seja escrita, deve ser obrigatoriamente expressa. Não se esta citar a manifestação de anuência do credor, que pode ser tácita, mas sim da manifestação de tornar-se fiador que se restringe à forma expressa, especificando a modalidade e condições da garantia, aduzindo a sua extensão no pacto contratual, até porque a fiança interpreta-se restritivamente, sendo incabível abranger ou alastrar a responsabilidade do fiador, seja em relação ao conteúdo da obrigação ou às partes contratantes. Isso significa também, em caso de fixar o lapso temporal da garantia, podendo ficar delimitada ao prazo determinado, sem vinculação às obrigações que ultrapassarem o tempo convencionado no contrato.

É imprescindível para a regular constituição do contrato de fiança que haja no instrumento de pactuação fidejussório a outorga uxória ou marital, sempre que o fiador for casado.

Um cônjuge não pode, sem o consentimento do outro, qualquer que seja o regime de bens, prestar fiança (Código Civil, art. 235). A falta da aludida autorização torna o ato anulável (STJ, 4ª T., REsp 10.045-0, DJ, 25 maio 1998); outros entendem que seria nulo.

Discutível é a necessidade de anuência do companheiro ou da companheira do fiador, quando este for prestar fiança, já que a Constituição Federal de 1988 deu arrimo à união estável, não a igualando, mas a equivalendo ao casamento no que concerne aos seus efeitos. Assim, haveria interesse do companheiro na prestação de fiança por seu companheiro, porém, seria impossível o controle por parte do credor e de terceiros interessados.

O contrato de fiança e sua exoneração na locação

3. As garantias locatícias

3.1. As garantias na legislação anterior

A Lei nº 6.649/79, na seção relativa às garantias, estabeleceu no capítulo I, nas locações em geral, os arts. 31, 32, 33 e 34, onde, no contrato de locação, poderia o locador exigir do locatário a garantia de caução em dinheiro, a garantia fidejussória, na forma do art. 1.481 do Código Civil, e o seguro de fiança locatícia.

Estabelecia a expressa vedação de mais de uma modalidade de garantia num mesmo pacto locatício, sendo que qualquer das modalidades deveria, nos moldes da legislação civil, ser por escrito, mediante cláusula contratual inserida no próprio contrato; ou, por outro instrumento, como documento de termo de fiança, que caracteriza a acessoriedade do pacto de garantia.

A caução em dinheiro se mostrava como uma garantia real, que não poderia exceder a três meses de aluguel, com depósito em caderneta de poupança autorizada pelo Poder Público, no prazo de duração da locação, parecendo um penhor, que nada mais é que um direito real sobre coisa móvel, onde objetiva garantir o cumprimento da obrigação contratada, através da entrega do devedor ao credor.

O dinheiro era depositado em caderneta de poupança, pertencendo ao locatário, em nome do locador, com a finalidade de garantir as obrigações legais e contratuais advindas do contrato de locação, e por isso, constituindo um verdadeiro direito real do locador

O contrato de fiança e sua exoneração na locação

(credor) sobre a importância depositada pelo locatário (devedor).

A garantia fidejussória, como a prestada por uma pessoa, denominada como fiança, onde inexiste para assegurar o cumprimento da obrigação um bem móvel ou imóvel específico, mas como caução pessoal, onde o patrimônio do fiador indiretamente responderá, em caso de exigibilidade dos locativos, foi enumerada como "garantia fidejussória", na forma do art. 1.481 do C.C., como denominação de fiança, que a define: "Dá-se o contrato de fiança, quando uma pessoa se obriga por outra, para com o seu credor, a satisfazer a obrigação, caso o devedor não a cumpra".

Nesse sentido, a obrigação fidejussória seguiu os parâmetros legais da legislação civil, com as suas características e peculiaridades, como: ser escrita, não admitir interpretação extensiva, devendo, na dúvida, ser interpretada em favor do fiador, necessitar da outorga uxória ou autorização marital, na hipótese da fiança prestada por fiador ou fiadora, que, casados, não poderão prestar sem consentimento do outro, independente do regime de bens, importando na nulidade (nulo ou anulável).[10]

O seguro de fiança locatícia foi inserido como modalidade de garantia, considerada a grande inovação da Lei 6.649/79, proporcionando uma forma de garantia mais acessível, além de minorar as dificuldades para a obtenção de uma garantia pessoal, como a figura do fiador, aliás, obstáculo que atinge mais os desfavorecidos economicamente, pois o garantidor correrá mais riscos, com certeza, para afiançar ao locatário, que sem condições financeiras, necessita alugar um imóvel para si ou para a sua família, sujeitando o patrimônio para a consecução do débito, além do que, a fiança, na maioria dos casos, principalmente nas relações locatícias, decor-

---

[10] Existe grande controvérsia, tanto na doutrina como na jurisprudência, havendo posicionamentos relevantes em ambos os sentidos, o que emerge a necessidade, para evitar dissabores, que se exija sempre a aquiescência do outro cônjuge, por força do disposto nos arts. 235, inc. III, e 242, inc. I, ambos do Código Civil.

re de um favor, como amizade, parentesco, ou seja, em regra, gratuitamente.

Na realidade, o seguro de fiança que se esperava não logrou o êxito esperado, dependendo de regulamentação futura, e mesmo com a resolução do Conselho Nacional de Seguros Privados, praticamente constou como letra morta na lei inquilinária de 1979.

Como na atual lei, a anterior possibilitava apenas uma modalidade de garantia, inviabilizando a cumulação de mais de uma modalidade, sendo o intuito do legislador, em evitar abusos, que viesse a causar prejuízos tanto ao locatário como ao fiador.

A caução em dinheiro era limitada em três meses de aluguel, através de norma expressa e cogente, montante razoável daquela quantia para assegurar a satisfação das obrigações do locatário, inclusive pelo ajuizamento da ação de despejo por falta de pagamento.[11]

O depósito efetuado em caderneta de poupança autorizada pelo Poder Público perdurava pelo prazo da existência da relação locatícia, tendo o locatário o direito de obter as vantagens, no caso de levantamento da quantia respectiva, consistindo nos juros e da atualização monetária, não tendo a lei mencionado em nome de quem deveria ser efetivado o depósito alusivo à caução.

Foi somente através de resolução do Banco Nacional da Habitação que estabeleceu a abertura em nome conjunta, em nome do locador e do locatário, somente podendo ser levantado por autorização escrita dos contratantes com firma reconhecida, ou em face de ordem judicial, em caso de discordância por uma das partes.[12]

---

[11] A caução em dinheiro, ainda, é uma modalidade de garantia prevista na atual lei do inquilinato, conforme item 3.2.2, mas é pouco utilizada, exatamente por ser uma garantia que freqüentemente não satisfaz todas as obrigações do locatário, tais como: aluguéis, encargos de imposto predial, seguro, água, luz, condomínio, consertos e reparos no imóvel, sem contar, que atualmente as ações de despejo por falta de pagamento de aluguéis ou encargos, normalmente, tramitam no prazo de um ano (lapso de tempo *otimista*).

[12] Resolução nº 9, de 13 de agosto de 1979, da Diretoria do Banco Nacional da Habitação.

O contrato de fiança e sua exoneração na locação

Existia multa a ser imposta ao locador, ou ao seu representante, caso, recebendo a quantia relativa à caução em dinheiro, não efetuasse o devido depósito nos termos da lei, que correspondiam às vantagens decorrentes do depósito, possibilitando a cobrança por via executiva, aliás, multa extremamente benigna, face à sua gravidade, além de ser imprevidente o legislador do inquilinato, que "sequer lembrou de inserir, ante as contravenções penais elencadas no art. 45, a que alvitramos, referente à premeditada utilização desse capital ao inteiro arrepio do enunciado do § 1º do art. 32.", conforme Rogério Lauria Tucci e Álvaro Villaça Azevedo.[13]

A lei do inquilinato anterior firmou a base para a evolução do disciplinamento das relações locatícias, embora no seu contexto geral exercia um protecionismo excessivo e exacerbado, que ao invés de facilitar .o locatário, por efeito inverso, em muitas situações acabava por prejudicá-lo, não se podendo deixar de ressaltar a grande evolução da atual Lei 8.245/91, que através dos posicionamentos jurisprudenciais, reformulou posturas anteriores, visando a um equilíbrio na relação locador-locatário, em que pesem ainda divergências interpretativas da legislação, na realidade, mudou para melhor.

Não esquecemos que, embora existam regras dispositivas, auferindo às partes a possibilidade de "contratarem", não apenas normas eminentemente cogentes, de ordem pública, ainda se fazem imprescindíveis algumas alterações, até porque as leis devem se adaptar às novas realidades, pois a lei dispõe sobre matérias jurídicas atuais, mas sem deixar de lado a previsibilidade do futuro, pois o direito é dinâmico, e as questões analisadas e decididas com base na doutrina e jurisprudência são de vital importância, já que geralmente andam à frente do direito legislado.

---

[13] TUCCI, Rogério & VILLAÇA, Azevedo. *Tratado da locação predial urbana.* São Paulo: Saraiva, 1980. v. 1, p. 352.

3.2. As garantias na Lei nº 8.245/91

A atual lei, na seção VII, no art. 37, estabelece as modalidades de garantia, que poderão ser exigidas pelo locador ao locatário, vedando, sob pena de nulidade, mais de uma forma de garantia locatícia no contrato de locação ajustado pelas partes.

Art. 37. No contrato de locação, pode o locador exigir do locatário as seguintes modalidades de garantia:
I - caução;
II - fiança;
III - seguro de fiança locatícia.
Parágrafo único. É vedada, sob pena de nulidade, mais de uma modalidade de garantia num mesmo contrato de locação.

As modalidades taxativamente expressas pelo legislador são: a caução, a fiança e o seguro de fiança locatícia. Essas garantias constituem a forma de assegurar o cumprimento da obrigação decorrente do contrato de locação, tendo por objeto imóveis urbanos, com finalidade residencial ou não, auferindo ao locador, em face do contrato acessório da garantia, uma possibilidade mais efetiva de recebimento dos aluguéis e encargos contratados no pacto principal, no caso em tela, o contrato de locação.

Embora exista uma espécie de interferência do Estado, com rigor imposto pela norma jurídica, de estabelecer como *numerus clausus* as modalidades de garantia, além de inviabilizar a presença de mais de uma modalidade,[14] ou seja, deverá existir uma unicida-

---

[14] A lei no parágrafo único do art. 37, estabelece a nulidade, caso exista mais de uma modalidade de garantia, o que não se discute, mas na prática, em consonância ao mercado imobiliário, principalmente nos centros urbanos, se tem constatado a dificuldade na obtenção de garantia na relação de locação, principalmente, porque os imóveis na sua maioria estão sendo disponíveis em Administradoras ou Imobiliárias, que exigem formalmente garantias seguras, por exemplo: fiadores com mais de um bem imóvel, renda no mínimo três vezes o valor do aluguel, idoneidade financeira etc., dificultando ao

de de garantia, mesmo assim, ao locador é viabilizada, para reforçar o adimplemento contratual, a escolha e exigência de uma garantia, que diante da eventual impossibilidade do locatário, possa o credor-locador exigir o cumprimento pela utilização da garantia.

A garantia poderá ser pessoal ou fidejussória, que é a fiança, definida no art. 1.481 do Código Civil, onde em contrato acessório, o fiador se obriga pelo afiançado (locatário), para com o credor (locador), a satisfazer as obrigações legais (art. 23) e contratuais, caso o locatário não cumpra no prazo e na forma estabelecidos.

Na fiança locatícia, a vinculação do fiador é com o locador, embora decorra de acessoriedade, onde a fiança poderá integrar uma cláusula contratual, enumerada e descrita dentro do contrato, ou, através de termo aditivo (adendo), por meio de instrumento em separado, até como uma carta de fiança, com exceção da fiança prestada no contato de locação, onde evidentemente o locatário deverá subscrever o contrato, nos instrumentos em separado, por tratar-se de negócio entre o fiador e o locador. Será dispensável a presença do locatário, pois a fiança como garantia pessoal poderá ser prestada sem a ciência ou consentimento, nos exatos termos do art. 1.484 do CC.[15]

A garantia poderá ser real, e se identifica quando o devedor, para cumprimento da obrigação, indica um bem móvel ou imóvel, como um penhor (art. 768 do CC) ou hipoteca (art. 810 do CC), estando incluídas nesta classificação, das modalidades de garantia na locação, a caução de bens móveis, imóveis, de dinheiro e, de títulos e ações.

A fiança e o seguro de fiança locatícia estão com novos contornos, impostos pelo próprio interesse das seguradoras, sendo que o legislador apenas suprimiu a

---

locatário a obtenção da própria locação, sendo que, a cumulação de modalidades, com ressalvas, poderia propiciar uma facilidade na contratação da locação.

[15] Art. 1.484. "Pode-se estipular a fiança, ainda sem consentimento do devedor."

anterior expressão "garantia fidejussória" para simplesmente "fiança", ao contrário da caução, que foi modificada, acrescendo o legislador a possibilidade de depósito em dinheiro, caucionar bens móveis, imóveis e, até títulos de créditos e ações.

3.2.1. A Fiança

É induvidosamente uma caução pessoal, analisada genericamente. Constitui-se numa garantia pessoal ou fidejussória, prestada por uma terceira pessoa identificada como fiador, perante o credor denominado locador, para assegurar, em caso de inadimplemento do devedor, na locação, o locatário ou inquilino, o exato cumprimento da obrigação.

É a modalidade de garantia locatícia mais utilizada nos pactos contratuais, em virtude do próprio acesso do locatário, que, de favor, obtém a fiança, através dos laços de amizade, parentesco e até da relação de negócios, ainda que seja a forma mais aceitável pelas Imobiliárias que intermediam as locações, pois ausente de grandes dificuldades, havendo a exigência da comprovação de idoneidade econômica financeira dos fiadores, sem qualquer registro nos órgãos de proteção ao crédito, o SPC por exemplo, a comprovação de propriedade imobiliária, com a apresentação de certidão imobiliária atualizada, expedida pelo Cartório de Registro de Imóveis da situação do imóvel, além da comprovação de renda, para vislumbrar a possível condição em satisfazer as obrigações do afiançado, no caso de mora dos aluguéis e encargos, ou inadimplemento do contrato de locação.

Por outro lado, a caução necessita de aparatos instrumentais, com formulação até de escritura pública e averbação junto à matrícula imobiliária, quando se tratar de caução de bens imóveis, ou sendo de bens móveis, instrumento particular ou público, que obriga-

O contrato de fiança e sua exoneração na locação

toriamente será registrado em Cartório de Títulos e Documentos.

Embora a fiança possa ser legal ou judicial, cabe-nos a análise da fiança convencional, revestida das suas características inerentes, que por acessória depende do contrato principal de locação, tanto é que extinto o contrato principal, extinta estará a fiança, conforme preceitua o art. 1.488 do CC, embora a recíproca não seja verdadeira, pois, a nulidade da fiança não atingirá a relação entre locador e locatário no pacto principal, apenas estará ausente a garantia.[16]

A fiança como garantia pessoal não vincula qualquer bem do fiador, dependendo da idoneidade econômica, e até moral do garantidor, razão que explica a exigência da comprovação da titularidade de bens imóveis, pois em caso de descumprimento pelo locatário das obrigações que envolvem a locação, o locador acionará o fiador ou fiadores, visto que é possível que para maior segurança, exija o locador a pluralidade de fiadores, que como co-fiadores, responderão solidariamente, diante da fiança prestada conjuntamente, conforme preleciona o art. 1.493 do CC, ainda sendo possível o benefício da divisão, caso tenham ajustado, onde cada fiador responderá proporcionalmente, pela parte que lhe couber no pagamento.

Não existindo uma garantia real, é possível que o fiador venha a alienar os seus bens, ficando o locador, com uma garantia despida e sem suporte para satisfazer as obrigações do locatário, é evidente, que tal alienação onerosa ou gratuita, se estiver revestida de vícios, poderá ser objeto de anulação ou de ser declarada ineficaz.

No caso de o fiador alienar com *animus* de fraudar ou de inviabilizar o locador como credor de obter, através da constrição de bens, a obtenção dos valores

---

[16] O princípio de que o acessório segue o principal (*acessorium sequitur principale*), conhecida teoria do acessório, onde o contrato acessório depende do contrato principal, dependência que gera a nulidade do acessório, em caso de nulidade do principal.

constantes do seu crédito poderá, através da ação *pauliana* ou *revocatória*, buscar a anulação do ato jurídico, em vista da fraude contra credores ou até, se for a hipótese, a fraude à execução. É evidente que fraude contra credores e fraude à execução não se confundem, pois a fraude contra credores se caracteriza pela alienação de bens ou atos fraudulentos que acarretam ou agravam a insolvência do devedor, estando no âmbito do direito civil, nós arts. 106 a 113, passíveis de anulação através da ação pauliana ou revocatória, visando a tutelar o crédito já existente, em vista do ato fraudulento praticado pelo devedor com a intenção de lesar os seus credores, levando a insolvabilidade do devedor, inviabilizando ou dificultando, pela diminuição do patrimônio, a obtenção dos valores creditícios.

A fraude à execução, no âmbito do direito processual civil (art. 593 do CPC), decorre da alienação ou oneração de bens quando já existia ação judicial contra o devedor, capaz de reduzi-lo à insolvência, onde, por simples petição nos autos da execução proposta contra o devedor, o credor, demonstrando a alienação do bem, que garantia a dívida executada, obterá o reconhecimento da ineficácia, independente de ação autônoma.[17]

É importante destacar que, por deferência da Lei 8.009/90, o único imóvel residencial é impenhorável, o que, por exceção, não se aplica ao fiador em contrato de locação, pois o art. 82 da Lei 8.245/91 acresceu o inciso VII ao art. 3º da lei da impenhorabilidade, não podendo o fiador se beneficiar da aludida impenhorabilidade do imóvel residencial do casal ou da entidade familiar, onde, em caso de processo executivo movido contra o

---

[17] Para a configuração da fraude à execução, com a possibilidade da declaração incidentalmente no processo de execução, independente de ação específica, diverge a jurisprudência, se para a configuração é suficiente o ajuizamento da ação ou a citação válida, sendo que o entendimento dominante para caracterizar a fraude exige que a penhora esteja devidamente registrada, no caso do imóvel, junto ao Cartório Imobiliário, exceto, se o adquirente tinha conhecimento da situação do devedor alienante, o que evidentemente deverá ser demonstrado.

O contrato de fiança e sua exoneração na locação

fiador, a fiança como pacto acessório da locação sujeitará a penhora e a venda judicial do único imóvel do fiador.

É interessante, pois a exceção não se aplica ao locatário, e em caso de execução contra locatário e fiador, o único imóvel do locatário não poderá ser objeto de penhora para garantir o débito, mas o bem do fiador, mesmo caracterizado como imóvel residencial do casal ou da entidade familiar, prestou a garantia em favor do inquilino, poderá servir de garantia, segurando o juízo por meio da penhora, e ensejando a hasta pública, que poderá levar à perda do imóvel pelo garantidor.

Na fiança existe a subsidiariedade, em que o fiador se obrigará se o afiançado não cumprir com a sua obrigação, exceto se as partes do pacto locatício tenham estipulado expressamente a solidariedade, situação que o fiador assumirá a figura de co-devedor, aliás, esta hipótese ocorre na quase totalidade dos contratos de locação, onde a presença da cláusula exara que o fiador é o principal pagador, respondendo solidariamente por todas as obrigações de responsabilidade do locatário.

Nessas circunstâncias, o locador poderá exigir a totalidade das obrigações direta e unicamente do fiador, sem qualquer participação do locatário, que não necessitará participar da ação executória, não sendo o caso, na hipótese da ação de despejo por falta de pagamento cumulada ou não com cobrança, onde evidentemente, o locatário deverá figurar no pólo passivo da demanda, já que para a ação de despejo, onde objetiva primordialmente a obtenção do imóvel locado, é o locatário legitimado para integrar a demanda, além de ser indispensável a sua presença.

Assim com a estipulação da solidariedade do fiador com o locatário, que como se disse, integra uma cláusula contratual, que pode ser por instrumento particular ou público, que na prática o instrumento particular é a forma utilizada pelas partes contratantes, e não poderia ser diferente, pois não existe exigência legal para a formalização por meio de instrumento publicizado.

3.2.1.1. A carta de fiança

Na prática, são largamente utilizadas como forma de garantia as chamadas cartas de fiança, que nada mais são que um termo de garantia de aluguel, firmado em pacto acessório, abrangido como uma fiança locatícia, comum nas relações que envolvem militares.

No termo de garantia de aluguel, o locatário vinculado à unidade gestora, por exemplo, a administração militar, assume os compromissos pecuniários acertados pelo locatário, caso não sejam cumpridos, de acordo com o contrato de locação ajustado, que geralmente envolve também a Imobiliária que administra o bem locado.

No caso de comprovação da dívida, o valor será descontado de uma só vez ou parceladamente, caso o valor ultrapassar os limites previstos para a margem consignável do locatário, e, posteriormente, depositado na contra bancária do locador ou da Imobiliária.

O referido termo apresenta cláusulas inseridas, que passarão a integrar o contrato de locação, pois o locador ou a Imobiliária que administra o imóvel deverá, com antecedência, comunicar a unidade militar a que pertence o locatário, no prazo estipulado, para perceber o montante do débito relativo à locação, sob pena da liberação da garantidora.

Deve ser observado que no âmbito geral, o termo de garantia de aluguel residencial terá vigência a contar da data de sua assinatura até a ocorrência de eventos expressamente previstos no contrato acessório, tais como: encerramento do prazo de vigência do contrato de locação; renovação do contrato de locação em valores diferentes daqueles constantes da proposta anterior, ou seja, o termo; comprovação de entrega das chaves do imóvel ao locador, cumpridas as exigências contratuais passíveis de gerar dívidas; devolução do termo pelo locador; deixar o locatário de ser pago pelo Exército; e, perda do vínculo do locatário com a unidade gestora da Administração Militar, devidamente justificada.

O contrato de fiança e sua exoneração na locação

Observa-se que o termo de garantia apresenta cláusulas dispositivas, atualmente regidas pelas normas para formalização de garantia de pagamento de aluguel residencial, aprovadas por portaria, que diferem dos contratos de locação em geral, pois o locador não fica com a garantia até a entrega efetiva das chaves do imóvel, visto que, em caso até mesmo de aposentadoria do militar, o locador perderá as benesses do termo de garantia.

Mesmo diante da condição vigorante na garantia, que não estende até a entrega efetiva das chaves, é uma modalidade amplamente utilizada em Santa Maria-RS, por exemplo, que segundo consta, é a segunda maior concentração militar do país, sendo fator preponderante para facilitar a obtenção de garantia, em especial, aos militares que se deslocam em virtude de transferências funcionais, ainda que é oportuno mencionar, que a inadimplência nessas relações é reduzida, o que oportuniza a utilização do termo para locações residenciais.

3.2.1.2. A fiança por procurador

Ainda no que diz respeito à garantia da fiança na locação, é comum que alguém preste através de seu procurador, que poderá ser terceiro ou o próprio cônjuge, que na formalização da fiança por escrito assuma a responsabilidade por si e representa a esposa, por exemplo, é indispensável que o instrumento de mandato seja outorgado por instrumento público, bem como conste os poderes especiais de firmar ou prestar fiança em locações, exatamente para evitar futuros aborrecimentos, como a alegação de nulidade da garantia.

É comum o marido ser procurador da sua mulher, através do contrato de mandato, instrumentalizado pela procuração, com amplos poderes, sejam poderes de administração, para alienação de bens, hipotecar, transigir, podendo praticar quaisquer atos para o cumprimento do mandato, utilizando como outorgado, o ajuste contratual da fiança.

Mesmo que seja detentor de amplos poderes, para prestar fiança, os poderes deverão ser específicos, conforme se depreende da interpretação do disposto no art. 1.295 do Código Civil, tal rigorismo, advém das conseqüências jurídicas da garantia fidejussória prestada, que poderá comprometer o patrimônio da família, sejam os bens móveis ou imóveis, estes inclusive, o imóvel residencial próprio, considerado bem de família, mas que por exceção contida no inciso VII do art. 3º da Lei nº 8.009/90 viabiliza a constrição e venda judicial do bem, por obrigação decorrente de fiança locatícia.

Não se pode negar que a vedação imposta pelo legislador, que proíbe o marido de prestar fiança, sem a outorga uxória da mulher, foi com o espírito de proteção aos interesses e bens da família.

Mais uma razão, da posição adotada de viabilizar a prestação de fiança por instrumento procuratório, mas formulada em Cartório competente, através de instrumento público, com poderes perfeitamente delineados, específicos de prestar fiança em contrato de locação.

3.2.1.3. Fiador analfabeto

Na acepção da palavra, analfabeto é quem não sabe ler e escrever, quem é ignorante, no sentido de desconhecer, tanto é que aquele que copia, rabisca ou desenha o seu nome, sem discernimento intelectual da leitura, também deve ser considerado como analfabeto para a prática dos negócios jurídicos.

A fiança firmada por fiador analfabeto é nula, sendo plausível e possível, quando o fiador outorgue procuração por instrumento público, com poderes específicos de prestar fiança em contrato de locação, indicando inclusive a quem está sendo auferida, do contrário, a validade fica vulnerada, pois será possível que o sujeito analfabeto seja ludibriado por terceiro, resultando na perda ou dilapidação de seu patrimônio.

Importante destacar que a fiança prestada pelo analfabeto, como freqüentemente se observa na prática imobiliária, onde terceiro assina a rogo, com a impressão digital do fiador no contrato de locação, não valida o contrato de garantia, não irradiando efeitos na esfera jurídica, na forma prevista na legislação civil, que deve obedecer à forma prevista na lei, sem ser preterida qualquer solenidade essencial do ato.

O fiador analfabeto não está obstado de prestar a fiança em contrato de locação, mas deverá ser plenamente formalizado, com a utilização do indispensável instrumento procuratório público, com poderes especiais, sem vulnerar o art. 145, III e IV, do CC, e ainda, o art. 1.295 do CC.

3.2.2. A caução

A garantia propiciada na locação, através do art. 38 da lei do inquilinato, traduz a caução real, pois conforme Maria Helena Diniz[18] a idéia de caução real liga-se ao patrimônio ou aos bens do próprio devedor ou de outrem. Esta caução se dará quando o próprio devedor, ou alguém por ele, destina todo ou parte de seu patrimônio para assegurar o cumprimento da obrigação contraída.

Se recair sobre bem imóvel do locatário, se configura penhor; se for sobre imóvel, temos a hipoteca, e se corresponder ao usufruto do imóvel, será a anticrese, que constituem em direitos reais de garantia, taxativamente enumerados no art. 674 do CC.

Pela lei de locações, a caução poderá ser em bens móveis ou imóveis, sendo que por disposição do § 1º do art. 38, a caução, recaindo sobre bens móveis, deverá ser registrada junto ao Cartório de Títulos e documentos, e tratando-se de bens imóveis deverá ser averbada à margem da respectiva matrícula imobiliária, evidente

---

[18] DINIZ. Maria Helena. *Lei de locações de imóveis urbanos comentada.* 6. ed. São Paulo: Saraiva, 2001. p. 158.

que no Cartório de Registro de Imóveis, considerando a localização do imóvel.

No instrumento da caução, que poderá ser por instrumento particular, tratando-se de bens móveis, mas que necessariamente, terá de ser por instrumento público, quando envolver a garantia com caução de bem imóvel, sendo indispensável em ambos, a publicidade do contrato constitutivo da garantia, ou seja, através do registro em Cartório de Títulos e Documentos (bens móveis) e com a averbação da garantia na matrícula imobiliária (bens imóveis), em consonância com o art. 167, inc. II, nº 8, da Lei de Registros Públicos (Lei nº 6.015/73).

No instrumento da caução, deverá existir a perfeita caracterização da obrigação decorrente do pacto contratual, além da perfeita identificação do bem; seja móvel ou imóvel objeto da garantia, devendo ainda, constar o valor da obrigação a ser garantida, valor do débito ou até mesmo o valor estimado; o estabelecimento do prazo contratual, vinculação ao tempo estipulado na locação, com a previsão na hipótese de prorrogação automática por tempo indeterminado, que se observa a necessidade de extensão da garantia até a efetiva devolução do imóvel, com a restituição das chaves, que simbolicamente representa a posse.

O bem móvel ou imóvel que garantirá a locação deverá ser especificado e amplamente identificado, como no caso da própria escritura pública de compra e venda, por exemplo.

Como observado, são imprescindíveis os princípios da especialização e publicidade dos registros públicos, para operar a oponibilidade *erga omnes*, valendo contra terceiros, não ficando restrito apenas as partes contratantes, como direito pessoal, mas sim, como direito real, e por efeito, as suas inevitáveis peculiaridades, tais como, o importante direito de seqüela, a preferência etc.

Deve ser evitado, que a caução de bem móvel ou imóvel, que representa a garantia do locador em caso de

O contrato de fiança e sua exoneração na locação

inadimplemento das obrigações locatícias, tenha por objeto bem que possa ser identificado e qualificado como impenhorável, abrangido pela proteção da Lei 8.009/90, onde os móveis e utensílios da residência familiar não poderão ser constritos, nem o imóvel residencial do casal ou entidade familiar, sob pena de ficar exaurida e inócua a garantia prestada por meio da caução.

A caução em dinheiro é outra forma de garantia, que está limitada a três meses de aluguel, devendo ser depositada em caderneta de poupança, autorizada pelo Poder Público e por ele regulamentada, onde as vantagens decorrentes do depósito serão revertidas em proveito do locatário, no momento do levantamento da quantia, que significam os juros e a própria correção monetária, evitando a corrosão da moeda pela inflação.

O valor depositado, em regra, permanecerá pelo período em que vigorar a locação, e por exigências administrativas, já que a lei não estabelece, a conta bancária será conjunta, em nome do locador e do locatário, podendo o locador dispor do valor caucionado, em caso do descumprimento do contrato, com atraso de aluguel e encargos ou inadimplemento do pacto *ex locato*, que possibilita a ação de despejo ou até a execução do débito, visto que o contrato de locação constitui título executivo extrajudicial, nos termos do art. 585, inc. IV, do CPC.

A obtenção do valor depositado poderá ser realizada através de solicitação conjunta do locador e do locatário, ou se for caso, em caso de conflito de interesses, por meio de determinação judicial, demonstrando o locador a necessidade dos valores para cobrir a dívida locatícia.

Na prática imobiliária, a caução em dinheiro não é das mais utilizadas, pois geralmente o valor depositado, que não poderá superar três meses de aluguel, é insuficiente para cobrir os aluguéis atrasados, despesas de pintura ou danos no imóvel, além das custas judiciais e honorários de advogado, até porque a ação despejatória por falta de pagamento é promovida, em média, com três meses de mora, sem contar, que pelo volume de processos, morosidade da justiça, geram uma dificuldade na prestação jurisdicional, acabando por ser insignificante o valor caucionado, sendo a razão da sua evidente inutilidade.

A caução em títulos e ações é apenas referenciada pela lei do inquilinato que enumera, que deverá ser substituída, no prazo de trinta dias, em caso de concordata, falência ou liquidação das sociedades emissoras, que é a denominação dada ao contrato de penhor sobre títulos ou efeitos comerciais ou sobre títulos da dívida pública. É a garantia pignoratícia que recai sobre títulos de qualquer espécie, distinguindo-se do penhor que recai sobre bens móveis, conforme De Plácido e Silva.[19]

3.2.3. O seguro de fiança locatícia

O seguro de fiança nas relações locatícias, com a Lei 8.245/91, mereceu maiores considerações, abrangendo a totalidade das obrigações do locatário, nos exatos termos do art. 41 da aludida lei do inquilinato.

Entre as partes contratantes, figuram a seguradora, que é a empresa autorizada a operar no ramo de seguro, o segurado, que é o locador, beneficiário do seguro, proprietário ou não de imóvel urbano, objeto do contrato locatício e de seguro, o locatário é o garantido, razão do próprio contrato, tendo como estipulante, a pessoa ou empresa que contrata o seguro por conta de terceiros, e a quem ficam incumbidas as obrigações previstas no contrato.

O seguro tem por finalidade garantir ao locador segurado os prejuízos que venha a sofrer em decorrência do inadimplemento do contrato de locação pelo

---

[19] DE PLÁCIDO E SILVA. *Vocabulário jurídico*. Forense, v. 1, p. 318.

O contrato de fiança e sua exoneração na locação

locatário, em virtude do não-pagamento dos aluguéis ou encargos legais e contratuais.

Também terão cobertura do seguro as custas judiciais e os honorários advocatícios fixados em sentença judicial, ou ainda, em percentual definido em contrato, a ser aplicado sobre o valor do débito, quando não houver sentença.

Mediante pagamento de prêmio adicional poderão, ainda, ser exigidos a cobertura de danos causados no imóvel e multas contratuais, neste caso, a cláusula penal compensatória, como pré-fixação das perdas e danos, caso o locatário, por exemplo, descumpra o contrato de locação, devolvendo o imóvel objeto da locação antes do prazo avençado.

O sinistro poderá ser caracterizado: pela decretação do despejo por falta de pagamento; pelo abandono do imóvel com débitos de aluguéis ou encargos legais e contratuais; e, pela própria entrega de forma amigável das chaves do imóvel, com débitos de aluguéis ou encargos.

O objetivo do seguro fiança é oferecer segurança e agilidade para locadores e imobiliárias, que deverão, nos termos contratados, elaborar cadastro a ser aprovado pela empresa seguradora, para viabilizar a aceitação do seguro, sendo, portanto, exigências que dependerão de cada empresa, inclusive algumas mais rigorosas que outras.

As apólices emitidas na forma prevista em contrato geralmente firmam um limite de contratação, considerando a soma de aluguel mais encargos mensais, podendo ainda, sofrer restrições, com cobertura básica limitada a doze vezes o valor do aluguel e encargos, com a cobertura para os encargos de água e luz limitada em quatro vezes o valor declarado, realização de novo cadastro para fins de renovação de apólice e também outras condições de interesse das partes, que poderão ser estipuladas.

As taxas variam de acordo com cada segura mas para cobertura básica, anual, podemos exemplificar, para pessoa física ou jurídica: 57,07% sobre o valor do primeiro aluguel mensal e encargos (IPTU, taxa condominial, água e luz); cobertura adicional de danos ao imóvel: 21,53% sobre o valor do primeiro aluguel mensal; e, a cobertura adicional de multas; 24,76% sobre o valor do primeiro aluguel mensal.

Na realidade, em face da inadimplência nos contratos de locação, algumas empresas deixaram de operar com o seguro de fiança locatícia, outras implantaram nova sistemática na cobrança, com a agilização no processo de cobrança amigável e de procedimentos judiciais para despejo dos locatários inadimplentes, outras ainda, aumentaram significativamente as taxas, o que acabou por ser um complicador, afastando os locatários na obtenção de tal modalidade de garantia, e buscando cada vez mais a figura do fiador, que depende mais da boa vontade do garantidor, não havendo ônus financeiro para a contratação.

4. Questões controvertidas na fiança locatícia

Pairam inúmeras controvérsias no que diz respeito ao instituto da fiança, especialmente, na fiança prestada como garantia nas relações *ex locato*, sendo que as divergências são oriundas da doutrina e da jurisprudência, com posicionamentos firmados por autores abalizados, e também pelos Tribunais dos Estados, inclusive no Superior Tribunal de Justiça.

Procuramos trazer à baila questões de grande repercussão, onde os efeitos que decorrem de cada posição são diametralmente opostos, em sentido que favoreça o locador, com a manutenção da fiança locatícia, e em relação que beneficie o fiador, como garantidor, devedor solidário, responsável por todas as obrigações assumidas pelo locatário, tendo como conseqüência, a própria afastabilidade da garantia, por meio da exoneração da fiança.

4.1. A renúncia do direito à exoneração

A renunciabilidade de exonerar-se da fiança, estabelecida através de cláusula contratual junto ao pacto locatício, tem gerado muita polêmica, pois o fiador em cláusula expressa "renuncia aos benefícios de exoneração da fiança nos termos do art. 1.500 do CC".

O referido dispositivo do Código Civil dispõe: "O fiador poderá exonerar-se da fiança, que tiver assinado sem limitação de tempo, sempre que lhe convier, ficando, porém, obrigado por todos os efeitos da fiança, anteriores ao ato amigável, ou à sentença que o exonerar". Assim existe a faculdade do fiador liberar-se da fiança, podendo por mútuo consenso entre locador e fiador, estabelecerem a extinção da garantia fidejussória, por ato amigável, ou ainda, sem possibilidade de ajuste ou composição entre as partes interessadas, que integram o contrato de locação, se obter a efetiva liberação da fiança, por meio da busca da prestação jurisdicional do Estado, com a ação de exoneração de fiança a ser aforada pelo fiador.

A problemática exatamente resulta da existência de cláusula inserida no contrato de locação, no qual o fiador renunciou ao direito de exonerar-se da fiança, poderia mesmo assim, buscar a liberação por meio de ação judicial?

Como dissemos, a doutrina e a jurisprudência divergem sobre o assunto, sendo que grande parte da doutrina não aprofunda esta questão. Nesse sentido, Milton Sanseverino,[20] que critica a ausência de pronuncia específica e precisa sobre a questão, alude: "É deplorável, aliás, o silêncio dos grandes civilistas pátrios a propósito do assunto de tamanha relevância e de tanto interesse na prática".

A primeira orientação é no sentido de ser irrenunciável o direito à exoneração da fiança, mesmo que em cláusula contratual expressa tenha o fiador ou fiadores expressamente exarados o firme propósito de manter-se ligado à garantia, pois, como se pode renunciar a um direito que ainda não se tem, além do que é inadmissível a perpetuidade da garantia prestada, notadamente porque configura ato benéfico e desinteressado.

Portanto, nesse sentido, a possibilidade de exoneração, mesmo com renúncia expressa a este direito, não é questão nova, tendo inclusive sido objeto da Súmula nº 6,

---

[20] SANSEVERINO, Milton. Renunciabilidade do direito à exoneração. *Revista Jurídica*, n.229, p.5, nov./1996.

do extinto Tribunal de Alçada do Rio Grande do Sul, que enunciava: "Fiança. Exoneração. O fiador, uma vez prorrogado a locação residencial por força de lei, pode exonerar-se da fiança, embora tenha renunciado, quando a prestou, ao exercício da faculdade do artigo 1.500 do CC".

O dispositivo legal resguardou a possibilidade de exoneração da garantia, quanto ao contrato sem limitação no tempo, pretendendo o legislador resguardar o garantidor que, apesar de ter renunciado em cláusula expressa de contrato, quando da celebração do pacto locatício, não pode ficar adstrito *ad perpetuam* a esta garantia, o que viria ferir frontalmente um dos princípios que regem as disposições contratuais, que é o do equilíbrio entre as partes.

O fiador, como vimos, é aquele que se obriga por outrem para satisfazer a obrigação caso o devedor não a cumpra, constatando-se que a garantia é ampla, em relação ao locatário e principalmente ao locador, como credor da obrigação, sendo que foge da razoabilidade penalizar o fiador com cláusula de renúncia expressa à exoneração de fiança, ficando garantidor, vejam para sempre, para o resto da vida, caso não haja a devolução do imóvel locado.

Embora se trate de direito disponível, o que de regra enseja a possibilidade de renunciar a faculdade de liberação, há que se convir que deve ser assegurado ao fiador o direito de não mais permanecer vinculado ao contrato acessório da fiança perpétua e indefinidamente, configurando imposição insuportável e incompatível ao seu direito propiciado por lei, sem contar que estaria sempre à mercê de garantir com o seu único imóvel, pois está em situação desfavorável, em virtude de uma cláusula firmada, que se diga de passagem, em todos[21] os

---

[21] Ou melhor, em quase todos, pois como consultor jurídico de empresas imobiliárias, desconheço qualquer contrato de locação, que tenha suprimido tal cláusula de renúncia à exoneração de fiança, formulada previamente no ajuste do pacto locatício.

O contrato de fiança e sua exoneração na locação

contratos de locação de imóvel urbano, existe cláusula expressa e timbrada, onde o fiador renuncia à exoneração do art. 1.500 do CC.

A jurisprudência do Tribunal gaúcho converge nesse sentido: "Fiança. Desoneração do fiador. Cláusula de renúncia. Invalidade. Súmula n. 6 do Tribunal de Alçada. Nos contratos a prazo indeterminado, pode o fiador fazer uso do direito de desonerar-se, porque as obrigações não são perpétuas. É inválida a cláusula de renúncia antecipada a esse direito. Aplicação da Súmula n. 6 do Tribunal." (Apelação Cível n. 191149244, julgada em 18/02/1992, Rel. Jorge Alcebíades Perrone de Oliveira, 5ª Câm. Cível do extinto Tribunal de Alçada do RS).

Ainda, os julgados do Tribunal de Justiça do RS, em que enunciamos apelações cíveis 70000932616, da Décima Quinta Câmara Cível, Relator Desembargador Otávio Augusto de Freitas Barcellos, em 03/05/2000; da Décima Sexta Câmara Cível, e, apelação 598256295, Desembargadora Helena Cunha Vieira, em 30/09/1998.

O Superior Tribunal de Justiça, já se manifestou, na seguinte forma: "O fiador, uma vez prorrogada a locação residencial por força de lei, pode exonerar-se da fiança, embora tenha renunciado, quando a prestou, ao exercício da faculdade do art. 1.500 do CC", em recurso especial 3.821-RS, Relator Min. Athos Gusmão Carneiro.[22]

Mas, efetivamente, não se pode confundir a cláusula de renúncia expressa da exoneração de fiança, com a cláusula que estabelece a responsabilidade do fiador até a entrega das chaves, aliás, o Min. José Arnoldo, como relator do Recurso especial, contra acórdão do Segundo Tribunal de Alçada Cível do Estado de São Paulo, entendeu que a cláusula estabelecendo a subsistência da fiança até a restituição das chaves, não obsta, em se cuidando de locação prorrogada por prazo indeterminado, o pedido de exoneração formulado pelo fiador, eis

---

[22] In STJ, Lex, vol. 27/90-91, ainda no mesmo sentido, Resp. 45.214-7, 5ª T, Rel. Min. Assis Toledo, julgado em 11/05/1994.

que não retira a natureza benéfica, inadmitindo, ademais, interpretação extensiva,[23] ou seja, a cláusula de responsabilização até a entrega das chaves ou a devolução do imóvel, basicamente, não implica renúncia à faculdade de exoneração da fiança, esculpida no art. 1.500 do CC.[24]

A segunda orientação estabelece como viável e plenamente válida a cláusula que, em contrato de locação, expressamente determina que o fiador renuncia ao direito de exoneração de fiança, devendo, por efeito, manter-se obrigado até a efetiva devolução do imóvel locado, pois se trata de forma dispositiva.

O art. 39 da Lei do Inquilinato claramente exara que: "Salvo disposição em contrário, qualquer das garantias se estende até a efetiva devolução do imóvel", o que se denota que é válida a cláusula que firma a renúncia ao direito de exoneração de fiança assegurado no artigo 1.500 do Código Civil, ainda que prorrogado o contrato locatício por prazo indeterminado, até porque, é plenamente possível abrir mão de direitos eminentemente particulares, além que inexiste qualquer vedação, ao contrário, a lei especial das locações possibilita a disposição.

O mestre Caio Mário da Silva Pereira ensina que em regra são renunciáveis os direitos que envolvem um interesse meramente privado de seu titular, salvo proibição legal, explanando ainda que irrenunciáveis são os direitos públicos, com direitos que envolvem interesse de ordem pública.[25]

Mesmo de forma minoritária, o Tribunal de Justiça do Rio Grande do Sul, que até sumulou a matéria, pela possibilidade, quando do Tribunal de Alçada, apresenta

---

[23] Recurso Especial do STJ, n. 108.661 - SP.

[24] Neste mesmo sentido são essas recentes decisões, emanadas pelas Quinta e Sexta Turmas: REsp 61.947/SP, DJ 06.05.96; REsp 62.728/RJ, DJ 22.04.96; REsp 64.273/SP, DJ 09.10.95.
Mais recentemente, no mesmo sentido o aresto proferido no REsp 100.636/SC, 5ª Turma, julgado em 14.10.96.

[25] PEREIRA, Caio Mário da Silva. *Instituições de direito civil*. v. I, 11.ed. p. 325.

O contrato de fiança e sua exoneração na locação

por tal entendimento, conforme acórdão relatado pelo Des. Claudir Fidelis Faccenda, na Apelação Cível 70001200732, da Décima Sexta Câmara Cível do Tribunal de Justiça, em 30/08/2000, onde, categoricamente, anuncia que a jurisprudência é divergente sobre a possibilidade, ou não, da exoneração do fiador quando o contrato com prazo determinado se transforma em prazo indeterminado,[26] mas que sobre a matéria tem entendido pela impossibilidade da exoneração, dando aplicação integral aos arts. 39 da Lei do Inquilinato e 1.500 do CC.

O STJ vem se posicionando no sentido de que não podem exonerar-se da obrigação os fiadores que manifestaram expressa renúncia ao direito estipulado no Código Civil, art. 1.500, portanto, entendendo como plenamente válida a cláusula, no qual anunciamos partes das ementas relacionadas ao assunto, a seguir especificadas:

> "Não podem exonerar-se da obrigação os fiadores que manifestaram expressa renúncia ao direito estipulado no CC, art. 1.500. Mesmo que o contrato tenha se tornado por tempo indeterminado, se expressamente anuído pelos fiadores".[27]

> "Se o contrato locatício prorrogado por prazo indeterminado subsiste nos termos anteriormente ajustados, permanece válida a cláusula de renúncia ao direito de exoneração de fiança assegurado no art. 1.500 do Código Civil".[28]

Assim, é com esteio nesse entendimento que o Superior Tribunal de Justiça vem aplicando o entendimento pacífico da validade da cláusula de renúncia ao direito de exoneração da fiança, principalmente nas causas que envolvem as relações de locação de imóveis

---

[26] Revista Julgados do Tribunal de Alçada do RS n. 97, p. 307.

[27] Recurso Especial nº 266.625, 5ª Turma do STJ, Relator Min. Edson Vidigal, em 26/09/2000.

[28] Recuso Especial nº 263.181, 6ª Turma do STJ, Relator Min. Vicente Leal, em 14/12/2000.

urbanos, regulados pela Lei 8.245/91, afastando qualquer aplicação do Código do Consumidor.[29]

Em que pese o posicionamento do STJ, entendemos que a exoneração de fiança pelo fiador é possível, desde que o contrato de locação esteja vigendo por prazo indeterminado, mesmo que tenha renunciado, previamente ao direito de liberar-se da garantia, em cláusula inserida no contrato de locação.

Tal postura decorre que o fiador não deverá perpetuamente permanecer como garantidor da obrigação, pois devem ser considerados outros aspectos relevantes do instituto da fiança, que como garantia pessoal, também merece interpretação restritiva, pois não admite a forma extensiva (art. 1.483 do CC).

Embora não exista impedimento para formalização da renúncia de exoneração, deve ser ressaltado que geralmente tal renúncia é assumida no momento do ajuste contratual, quando sequer cabe a possibilidade de liberar-se, assim se antecede o garantidor, na maioria das vezes, por imposição contratual, com cláusula inserida, timbrada, constante em todo e qualquer contrato de locação, gerando um desequilíbrio entre as partes.

Não se quer aqui enumerar princípios do Código de Defesa do Consumidor, que não se aplica nas relações locatícias, mas não se pode olvidar uma nova realidade contratual, afastando-se da concepção tradicional dos contratos, onde o *pacta sunt servanda*, na atual realidade, passa por uma relativização, é claro que a vontade continua essencial na formação do pacto contratual, mas a sua força deve ser considerada em relação à lei, e também aos princípios que norteiam o sistema, no caso, o fiador, em situação desfavorável, não pode ficar castrado, podado ou inviabilizado de buscar a tutela judi-

---

[29] Às decisões do Superior Tribunal de Justiça, podemos enumerar ainda, as seguintes: RESP 38274/SP;DJ:22/05/1995; Rel. Min. Edson Vidigal; RESP 50568/RS; DJ:29/09/1997, Rel. Min. Edson Vidigal; RESP 142752/RS; DJ:22/09/1997; Rel. Min. William Patterson; RESP 76812/RS; DJ:24/02/1997; Rel. Min. Fernando Gonçalves; e, RESP 60707/SP; DJ:05/06/1995; Rel. Min. Adhemar Maciel.

O contrato de fiança e sua exoneração na locação

cial, pelo fato de em cláusula ter assumido a obrigação pelo resto de seus dias, sim, pois a locação enquanto não extinta, com a efetiva devolução do imóvel, através da entrega simbólica das chaves, o fiador continuará no tempo *ad perpetuam*.

Sendo assim, poderá o fiador desobrigar-se, destituir-se da fiança que houver prestado, por tempo indeterminado ou após o vencimento do prazo firmado no contrato locatício, devendo, nos termos expressos do art. 1.500 do CC, propor a competente ação de exoneração, medida judicial indispensável para obtenção da sua liberação, caso contrário, na forma do art. 39 da lei inquilinária, permanecerá responsável pelas obrigações legais e contratuais até a devolução efetiva do imóvel locado.

4.2. A morte do locatário

Outro aspecto que desperta celeuma no meio jurídico é se a morte do locatário libera o fiador da responsabilidade da garantia prestada na locação, esteja ou não em vigência por tempo determinado.

Preliminarmente de ser aduzido, que tanto o Código Civil Brasileiro, como a Lei do Inquilinato, não enumeram a morte do afiançado como causa para extinção da fiança, aliás, existe dispositivo legal que menciona que a responsabilidade da fiança se limita ao tempo decorrido até a morte do fiador (art. 1.501 do CC), sem menção ao afiançado, ainda que o art. 40 da Lei 8.245/91 faz alusão também, propiciando a exigência de novo fiador ou a substituição da modalidade: a morte do fiador; ausência, interdição, falência, ou insolvência do fiador, declarada judicialmente, entre outras hipóteses, não incluindo morte ou falecimento do locatário.

Ainda, importante frisar, que a lei do inquilinato dispôs que, salvo disposição em contrário, qualquer das garantias da locação se estende até a efetiva devolução do imóvel (art. 39).

O contrato de fiança como visto é acessório, gratuito, unilateral e *intuitu personae*, onde, enquanto contrato benéfico, deve ser interpretado restritivamente, princípio que rege esta modalidade contratual.

Exoneração[30] significa descarregar-se, livrar-se (do latim *exoneratio*, verbo *exonerare*), e no direito representa a desobrigação ou a liberação de uma obrigação ou encargo. Com relação ao contrato de fiança, por ser um contrato unilateral, a exoneração significa descarregar o fiador (quem prestou a garantia) dos encargos contratuais.

Por ser a fiança uma garantia do cumprimento de uma obrigação principal, no caso de falecimento do afiançado, aquela não se extingue, pois os herdeiros serão seus continuadores,[31] porém é caso em que o fiador terá o direito de requerer a sua exoneração.

Para que o fiador se veja livre de sua obrigação de prestar garantia a um contrato principal, caso pretenda não afiançar mais a obrigação garantida com o advento da morte do afiançado, deve ingressar em juízo pleiteando a sua exoneração. Este ingresso em juízo deve ocorrer se o locador não o liberar (exonerar) em acordo amigável, embora esta hipótese seja de difícil constatação.

Importante salientar que o contrato de fiança é celebrado entre o fiador e o credor da obrigação principal, no caso o locador, sendo que o afiançado (locatário) não é parte desta relação, tanto isto é verdade que o fiador poderá prestar a sua garantia independentemente da vontade do afiançado (art. 1.484 do CC), conforme já mencionamos.

Portanto, a ocorrência da morte do fiador ou mesmo do locador é diferente do caso de morte do locatário, na qual o fiador necessitará pleitear em juízo a sua

---

[30] DE PLÁCIDO E SILVA. *Vocabulário jurídico*. 7. ed. Rio de Janeiro: Forense, 1982. p. 249.

[31] DINIZ, Maria Helena. *Código Civil*, p. 962.

O contrato de fiança e sua exoneração na locação

exoneração para que esta se dê realmente e alcance os seus efeitos.

A extinção da fiança através de ação de exoneração é por fato do fiador, portanto, só cabível se a fiança for dada sem limitação temporal. Na fiança prestada com data certa, ou seja, por prazo determinado, não poderá o fiador pleitear a sua exoneração antes da ocorrência do termo que põe fim a este contrato, ou a data em que passe a ser por prazo indeterminado, posto que não preencheria uma das condições da ação em geral: a possibilidade jurídica do pedido.

Os efeitos da ação de exoneração serão, em conformidade com o art. 1.500 do Código Civil, a partir do acordo de exoneração amigável ou da sentença que liberar o fiador.

Portanto, é possível ao fiador que ingresse em juízo na busca de sua exoneração como garantidor da obrigação principal, desde que o contrato garantido, ou mesmo a fiança que não foi prestada a prazo certo, esteja vigendo por prazo indeterminado, onde os efeitos da exoneração, ou melhor, o momento da extinção da fiança, decorrerá da sentença que exonerar o fiador.

Na vigência do contrato de locação de imóvel urbano por prazo determinado, com fiança estipulada até o término do contrato, não cabe ação de exoneração de fiança, se esta possibilidade não for estipulada em cláusula contratual. Logo, o fiador terá obrigação com relação ao contrato principal, independentemente de morte do afiançado, até o término da locação, ou até o momento da entrega efetiva do imóvel. Isto, em conformidade com o art. 39 da lei do inquilinato, e também, face ao disposto art. 40, *caput*, e seus incisos.

Deve-se ressaltar que, o artigo 39 aduz: "Salvo disposição contratual em contrário, qualquer das garantias da locação se estende até a efetiva devolução do imóvel". Portanto, ainda que a fiança não deva sofrer interpretação extensiva, se não houver estipulação contratual diversa, ficam as partes obrigadas até a entrega do imóvel, representada simbolicamente pelas chaves, pois este caso não é o de uma exegese extensiva, mas fruto de disposição legal que regula a matéria. Este o entendimento abalizado do mestre Sylvio Capanema de Souza,[32] em sua obra, que assim se manifesta:

> "Com o novo sistema, para que a garantia, qualquer que seja, não se estenda até a efetiva entrega das chaves, será preciso constar do contrato uma expressa disposição em contrário."

Assim também, José da Silva Pacheco:

> "(...) Não havendo cláusula específica sobre a duração da garantia, o garantidor responde pelas obrigações do locatário, até a efetiva entrega das chaves, mesmo que haja sido transferido o imóvel, sem permissão, para terceiros".[33]

> "Pode a fiança ser: (...) b) até a entrega das chaves (...). Nos dois últimos casos, não se há de cogitar de nova fiança, a não ser que venha o fiador a se tornar insolvente ou venha a se exonerar da fiança (...) Se, entretanto, não fixar a fiança o prazo certo, obriga o fiador durante a prorrogação (art. 39)".[34]

Estando o contrato vigendo por prazo indeterminado, é possível ao fiador pleitear a sua exoneração, desde que ingresse em juízo para tanto, independentemente do preceito legal do art. 39, supracitado, conforme nosso entendimento aduzido no item 4.1, ainda que a fiança, enquanto contrato benéfico, gratuito e *intuitu personae* deve ter interpretação restritiva, devendo ser dada uma saída ao fiador quando, por razão de morte da pessoa do locatário, quiser se liberar da fiança.

---

[32] SOUZA, Sylvio Capanema de. *A nova lei do inquilinato comentada.* 2. ed. Rio de Janeiro: Forense, 1993. p. 155.

[33] PACHECO, José da Silva. *Comentários à nova lei do inquilinato sobre as locações dos imóveis urbanos e seus procedimentos.* Editora RT, p. 129.

[34] PACHECO, José da Silva. *Tratado das locações, ações de despejo e outras.* 9. ed. Editora RT, 1994. p. 236.

O contrato de fiança e sua exoneração na locação

No entanto, para que ocorram os efeitos da extinção da fiança, é necessária a manifestação da intenção do fiador em se exonerar, em ação própria, e não tão-somente em sede de embargos, quando está o locador (credor) a cobrar os alugueres devidos em processo de execução, crente de que o seu contrato de locação está garantido pela fiança.

Em que pesem as alegações de se tratar de obrigação personalíssima, firmada *intuitu personae*, não se afasta a obrigatoriedade de o fiador buscar a sua exoneração, usando, se preciso, das vias judiciárias para alcançar esta pretensão. De qualquer forma, não se pode entender que se opere a exoneração pura e simples, sob pena de possibilitarmos a existência de uma grande instabilidade nas relações contratuais. Esta a posição do mestre Sylvio Capanema de Souza em sua obra infracitada:

"Sendo a fiança contrato eminentemente pessoal, e que se funda na estrita confiança entre o fiador e o afiançado, parece-nos que o fiador, em face da subrogação, poderá se exonerar (...). Deve, assim, o fiador comunicar sua intenção ao locador, exonerando-se da fiança. Se o locador recusar a exoneração, deverá o fiador propor a competente ação de exoneração, permanecendo sua responsabilidade até que transite em julgado a sentença que o exonerar". (p. 65)

Portanto, não resta nenhuma razão ao fiador, que em momento algum procurar o locador credor da obrigação principal, pessoalmente ou via judicial, buscando sua exoneração. Frise-se que não há como se aceitar posição diversa, sob pena de permitirmos que as relações contratuais convivam com a insegurança, e afastarmos todos os princípios que norteiam a questão das garantias dadas.

Na locação residencial, com a morte do locatário (afiançado), ficam sub-rogados nos seus direitos os seus herdeiros, o cônjuge, ou familiares que residiam no imóvel. Preceito do art. 11, inciso I, da Lei nº 8.245/91.

Cabe salientar que, além de o art. 39 da Lei do Inquilinato estabelecer que as garantias da locação se estendem até a efetiva devolução do imóvel, a morte do locatário sequer extingue a locação, tanto é que o art. 11 da Lei 8.245/91 estabelece a possibilidade de sub-rogação na locação pelas pessoas da família do locatário, o que coaduna no caso de contrato firmado, por exemplo, onde o locatário residia no imóvel juntamente com a companheira e seu filho, permanecendo os mesmos utilizando-o após a sua morte, sub-rogados então nos seus direitos.

Restando plenamente comprovada a continuidade do contrato locatício pela companheira e pelo filho do locatário falecido, corroborando com a tese da sub-rogação contratual, a exoneração do fiador só poderá ocorrer se este se manifestar.

Preocupou-se o legislador, na Lei nº 8.245/91, em assegurar este direito aos companheiros sobreviventes, conforme art. 11, inciso I.[35]

Importante salientar a interpretação do art. 40 da Lei nº 8.245/91, o qual não traz a faculdade de o locador exigir novo fiador pela morte do locatário. Isto porque consoante o art. 11, inciso I, da referida lei, ficam aquelas pessoas mencionadas sub-rogadas nos direitos e deveres do locatário, sendo que, se o fiador não quiser mais prestar a sua garantia e pretender se exonerar, pois sua confiança era em face tão-somente do locatário-afiançado, deve pleitear em juízo a sua liberação, e não se reputar exonerado.

Na locação não-residencial, a sub-rogação acontece para o espólio ou sucessor no negócio, a partir da morte do locatário, conforme dispositivo do inciso II do art. 11 da Lei de locação de imóvel urbano.

---

[35] Nesse sentido expressa Silva Pacheco "(...) Se a família era constituída pela união estável, desprovida de casamento formal, a companheira prossegue, como se casada fosse, na locação, assumindo os direitos e obrigações na posição de locatária (cf. PACHECO, José da Silva. *Inventários e partilhas na sucessão legítima e testamentária*. 7. ed. Rio de Janeiro, 1993)" In: PACHECO, José da Silva. *Tratado das locações, ações de despejo e outras*. 9. ed. RT, 1994. p. 315.

Uma interpretação diversa poderá gerar a instabilidade nos contratos locatícios, posto que, embora a garantia da fiança seja prestada pelo fiador ao credor da obrigação principal (o locador), ela se dá em função da confiança que aquele deposita na pessoa de seu afiançado, logo, este detém uma relação de amizade mais próxima.

Embora pareça pouco relevante, porém no caso da morte do locatário, quem irá primeiro saber do acontecimento, em tese, será o fiador, e a partir daí poderá buscar a sua exoneração; no entanto o locador, na ausência de laços de amizade, poderá desconhecer o fato ocorrido, sendo que o contrato, na maioria dos casos, é intermediado por administradoras do ramo imobiliário, e, considerando posicionamento diverso, a sua locação não está mais garantida pela fiança, pois a exoneração adveio com a morte do locatário-afiançado.

E, apesar dos familiares do locatário se sub-rogarem nos seus direitos de locatário, ainda o locador poderá não saber de sua morte, e conseqüentemente, não poderá exigir nova garantia para a locação, ou novo fiador (consoante art. 40 da Lei nº 8.245/91).

Em determinadas situações, o locador toma conhecimento de que o seu locatário veio a falecer, com a oposição da ação de embargos à execução pelo fiador, em processo de execução.

Some-se a estes argumentos o fato de que o art. 40 da Lei do Inquilinato enumera motivos de extinção da fiança, não fazendo menção à morte do locatário, mas tão-somente ao passamento do fiador, não contemplando a possibilidade do caso em questão. Por tais argumentos, entendemos, pelas regras estabelecidas na lei do inquilinato, através da própria sub-rogação e cláusula de garantia até a entrega efetiva do imóvel, que mesmo com a morte do locatário, persiste a responsabilidade do fiador, podendo liberar-se, caso proponha a ação exoneratória.

O nosso posicionamento não é majoritário,[36] embora existam inúmeros acórdãos nesse sentido, mas com bastante veemência, o Superior Tribunal de Justiça,[37] vem se pronunciando ao contrário, onde a morte do locatário afiançado libera o fiador da garantia prestada na locação, em virtude da obrigação personalíssima que caracteriza o contrato acessório da fiança.

4.3. A morte do cônjuge do fiador

O falecimento do fiador ou fiadora, que prestaram a garantia conjuntamente, como casados, junto ao contrato de locação, não extingue a fiança, em relação ao

---

[36] A morte do afiançado (locatário) não extingue a fiança, particularmente quando o contrato prevê a subsistência da obrigação, de forma solidária, até a efetiva entrega das chaves. O fiador responde pelo preço ajustado no contrato de locação ou pelo valor arbitrado pelo juiz em sede de ação revisional. Apenas não responde por eventuais acréscimos ajustados entre locador e locatário sem a participação do fiador. Efetivados depósitos judiciais parciais, durante a tramitação da revisional, os valores devem ser considerados e abatidos na execução de aluguéis e encargos. Recurso provido, em parte. (6 fls.) (TJRS – APC 70000471383 – 16ª C.Cív. – Rel. Des. Juiz Claudir Fidelis Faccenda – J. 12.04.2000).
– A Lei não prevê a exoneração da fiança ante o simples fato da morte do afiançado. O fiador só se desobriga da responsabilidade, se informar ao locador a morte do inquilino, requerendo, expressamente, a liberação das obrigações decorrentes da fiança. (TAMG – Ap 0244977-8 – 1ª C.Cív. – Rel. Juiz Silas Vieira – J. 25.11.1997).
[37] Se o contrato de fiança, pacto de interpretação restritiva, possui natureza *intuitu personae*, a morte do locatário importa na exoneração da obrigação do fiador, a despeito da sub-rogação da locação no rol das pessoas inscritas no art. 11, I, da Lei nº 8.245/91. Recurso especial não conhecido. (STJ – RESP 175057 – MG – 6ª T. – Rel. Min. Vicente Leal – DJU 14.08.2000 – p. 00210).
A fiança em sendo um contrato gratuito, personalíssimo e pactuado *intuitu personae* extingue-se em face da morte do afiançado. E que a relação de confiança existente entre o fiador e afiançado diluiu-se em face da morte, não se podendo exigir que a garantia continue a viger com os sucessores que podem, eventualmente, não inspirá-la. Apelação provida. (TAPR – AC 144656200 – (12300) – Curitiba – 2ª C.Cív. – Rel. Juiz Cristo Pereira – DJPR 17.03.2000).
O contrato de fiança, de natureza personalíssima, extingue-se com a morte do afiançado, não podendo o fiador ser responsabilizado por obrigações surgidas após o óbito daquele. 2. Precedentes. 3. Recurso conhecido e provido. (STJ – REsp 173.026 – MG – 6ª T. – Rel. Min. Hamilton Carvalhido – DJU 20.09.1999 – p. 90)

O contrato de fiança e sua exoneração na locação

cônjuge remanescente, que persiste com a responsabilidade de devedor solidário e principal pagador das obrigações legais e contratuais oriundas do pacto locatício. Nesta hipótese, não se aplica o art. 1.501 do CC, que estabelece que a responsabilidade da fiança se limita ao tempo decorrido até a morte do fiador, pois extingue a garantia em relação exclusiva ao fiador falecido, não ao outro fiador remanescente, que, como viúvo ou viúva, permanecerá garantidor.

Haveria a extinção da fiança se o único fiador no contrato não fosse casado, e com a sua morte, por disposição expressa do artigo mencionado, afastaria a responsabilidade a partir do evento morte, o que não é o caso aludido nesta hipótese, principalmente quando é assumida a obrigação em cláusula contratual, juntamente com o outro fiador, como principal pagador e devedor solidário, exemplificamos: Assinam também o presente contrato, *como fiadores e principais pagadores* solidariamente responsáveis com o locatário, pelo fiel cumprimento de todas as cláusulas decorrentes deste contrato de locação de imóvel urbano, para fins residenciais, o Sr. João de Tal e sua mulher Maria de Tal (qualificação).

Desta forma, consoante dispõe o art. 1.493, 1ª alínea, do CC, que "a fiança conjuntamente prestada a um só débito por mais de uma pessoa importa o compromisso de solidariedade entre elas."

Sendo assim, com o falecimento de João, este fato, por si só, não interfere na relação obrigacional decorrente da fiança supérstite assumida pela fiadora, no caso ilustrado, prorrogando-se a garantia na pessoa da viúva (fiadora), em relação ao afiançado (locatário).

Neste mesmo sentido, decidiram em arestos de alguns tribunais,[38] mas existem posicionamentos diver-

---

[38] Fiador - Contrato de locação falecido o fiador, sua esposa que figurou no contrato igualmente como fiadora, responde pela obrigação". (TARS - AC 28.351 – 2ª C.Civ. - Rel. Juiz Luiz Fernando Borges da Fonseca - J. 17.08.1992) A extinção da fiança pode ocorrer por ato amigável ou por sentença e não pela separação do casal locatário e permanência da mulher no imóvel.

sos, fundamentando que a morte do cônjuge extinguiria a garantia, posição que não compactuamos, pelas razões aduzidas.

Segundo este entendimento, seria em virtude da própria interpretação restritiva que deve ser concebida na fiança, como contrato acessório, onde a mulher, por exemplo, assina o contrato apenas como anuente, não configurando uma fiança solidária, por conseqüência, aplicável à espécie, o disposto no art. 1.501 do CC, operando a extinção da obrigação, a ser contada como termo, a morte do fiador, pois a mulher apenas consentiu, geralmente para atender o art. 235, inciso II, do CC, pois exige que o marido, para prestar a fiança, qualquer que seja o regime de bens, dependerá do consentimento da mulher, existindo com esta postura, decisões do Superior Tribunal de Justiça.[39]

A mulher que, com o marido, assina na qualidade de fiadora não é mera figurante no contrato de locação, mas sim fiadora, persistindo sua obrigação mesmo após a morte do esposo." (grifamos) (TARS - AC 194.010.450 - 1ª CCiv. - Rel. Juiz Flávio Pâncaro da Silva - J. 16.03.1994).

"LOCAÇÃO. - Despejo, Fiança - Garantia prestada por marido e mulher - Solidariedade. Ilegitimidade passiva da mulher - Rejeitada. A morte do cônjuge varão não interfere nas relações obrigacionais decorrentes da Fiança, eis que a esposa assinou, não apenas na condição de cônjuge, mas também como principal pagadora, havendo solidariedade, nos termos do art. 1.493, do CC. Sentença confirmada. Apelo improvido." (grifamos) (TARS – AC 193.168.044 – 1ª Cciv. – Rel. Juiz Salvador Honório Vizzoto – J. 26.10.1993

FIANÇA - EXONERAÇÃO DA MULHER POR MORTE DO MARIDO - INADMISSIBILIDADE - Se concedida pelo casal, a fiança a ambos obriga, não tendo guarida a alegação de que a assinatura da mulher significa mera outorga uxória ou anuência à fiança prestada por seu falecido marido. O fiador, mormente quando se obriga solidariamente e como principal pagador, responde pelos aluguéis e demais obrigações contratuais não cumpridas pelo locatário." (TACRJ - AC 917/191 - (Reg. 3533 - Cód. 91.001.00917 – 6ª C. - Rel. Juiz Sérgio Cavalieri Filho - J. 04.06.1991) (Ementário TACRJ 13/92 - Ementa 34141)

"– Se concedida pelo casal, a fiança a ambos obriga, não tendo guarida a alegação de que a assinatura da mulher significa mera outorga uxória ou anuência à fiança prestada por seu falecido marido. O fiador, mormente quando se obriga solidariamente e como principal pagador, responde pelos aluguéis e demais obrigações contratuais não cumpridas pelo locatário. CC, arts. 1.493 e 1.501. Reforma da sentença." (TACRJ - AC 917191 - 6ª C - Rel. desig. Juiz Sérgio Cavalieri Filho - DJ 04.09.1991) (RJ 177/195).

[39] FIANÇA – LOCAÇÃO – CONSENTIMENTO UXÓRIO – MORTE DO CÔNJUGE – GARANTE – RESPONSABILIDADE DA VIÚVA – LIMITE – SOLIDARIEDADE – DISTINÇÃO – Sendo a fiança contrato que não admite interpretação extensiva, por ter caráter benéfico, e constando no contrato de

Mesmo assim, mantemos a nossa posição, ainda que os arestos colacionados tratam, nos fundamentos esposados nas decisões, a mulher, como mera figurante, como se ela sempre atendesse ao pedido ou mando do marido, para anuir simplesmente com a fiança firmada, quando, na realidade, não é o caso, principalmente porque a disposição do Código Civil Brasileiro advém de 1916, além do que, não podemos esquecer o estatuto da mulher casada, e a própria Constituição Federal de 1988, onde o homem não é isoladamente cabeça do casal.

Por tais alusões, a própria mulher como fiadora, quando necessita do consentimento do cônjuge "varão", não decorre de simples anuência, mas como fiadores solidários que são, mesmo diante da exigência posta, que independente do regime de bens do casal, deverão firmar em conjunto a garantia fidejussória, aplicando-se ao caso o disposto na primeira parte do art. 1.493 do CC.

4.4. A ausência de outorga uxória[40] ou autorização marital[41] na fiança

A garantia de um negócio jurídico pode ser firmada sobre bens (garantia real) ou sobre pessoas (garantia

---

locação o marido como fiador, a que a mulher apenas concedeu anuência para atender a exigência legal (art. 235, III, CC); não há cogitar de solidariedade, de que trata o artigo 1.493, do CC – A responsabilidade do cônjuge supérstite, pela garantia fidejussória, no caso, vai até o evento morte do fiador. Recurso conhecido e provido. (STJ – REsp 163477 – SP – 5ª T. – Rel. Min. José Arnaldo da Fonseca – DJU 15.06.1998 – p. 153).

Nesse sentido, ainda, decisão do Tribunal de Justiça do RS. Morte do fiador. Tendo a esposa firmado o contrato, para atender ao art. 235, inc. III, do Código Civil, na Condição de anuente a fiança prestada pelo marido, não responde pelas obrigações do inquilino após a morte do cônjuge, pois solidariamente não se obrigou. Apelação improvido. (TJRS – AC 198031791 – RS – 14ª C.Cív. – Relª. Desª. Rejane Maria Dias de Castro Bins – J. 04.06.1998).

[40] Outorga uxória é a autorização dada ou consentimento da mulher aos atos do marido, como no caso da fiança, ou na alienação de bens.

[41] Autorização marital, também denominada como outorga marital, é a permissão ou consentimento dada pelo marido à mulher, para praticar determinados atos, que a lei exige a autorização. Portanto, tecnicamente, é correto enunciar outorga uxória pela autorização da mulher e autorização marital pelo marido.

pessoal ou fidejussória), as quais estranhas à relação jurídica, posteriormente à assinatura do contrato se comprometem *pro debitore*, ou seja, compromete-se a pagar em lugar daquele que por ele está garantido, caso este não satisfaça a obrigação, conforme já analisado anteriormente.

Porém, para que a fiança gere esses efeitos, a lei determina certos requisitos, de ordem subjetiva, que dizem respeito à capacidade geral de contratar, e entre eles há os que, por exigência legal, necessitam de autorização de outras pessoas para que seus negócios tenham validade.

Por exemplo, os gerentes administrativos das sociedades que sem a autorização no contrato social não podem prestar fiança; no mútuo, não terá validade a fiança prestada a menor sem a prévia autorização daquele sob cuja guarda estiver (art.1259 do CC).

Especificamente, em relação aos cônjuges, assim enuncia o instituto legislativo civil, nos termos dos arts. 235, III e 242, I, ambos do CC:[42]

> Art. 235. O marido não pode, sem consentimento da mulher, qualquer que seja o regime de bens:
> (...)
> III - Prestar fiança (arts. 178, § 9º, I, "b", e 263, X)
> (...)
> Art. 242. A mulher não pode, sem autorização do marido
> (art. 251):
> (...)
> I - Praticar atos que este não poderia sem consentimento da mulher (art. 235)
> (...)

---

[42] No exemplo do ilustre PEREIRA, Caio Mario da Silva (*Instituições de Direito Civil*, vol. III, 3ª ed, p. 357), vislumbramos o posicionamento doutrinário dominante, de que vigora neste particular, é a restrição para que na vigência da sociedade conjugal, a mulher dê a fiança, a qualquer que seja o regime de bens, sem o consentimento do marido, não vai aí uma incapacidade, porém uma norma restritiva em favor da boa convivência social. Ao marido, igualmente, não é lícito afiançar sem outorga uxória, pelo mesmo motivo.

O contrato de fiança e sua exoneração na locação

Todavia, o assunto que vem causando dissídios jurisprudenciais é quanto à autorização marital e à outorga uxória concedidas pelos cônjuges como requisito de validade da fiança, refletindo diretamente na questão do mérito dos pedidos de exoneração de fiança, embargos à execução e até embargos de terceiros.

Se entendermos como válida a fiança sem a autorização, o fiador não se exonerará, pois esta permanece válida, não se eximindo o fiador contraente.

No entanto, uma vez nula a fiança sem a devida autorização ou outorga no contrato a que ela figura como acessório, inexiste a garantia, estando totalmente liberado o fiador.

Sendo concebida como anulável, o fiador que subscreveu a fiança será o responsável pelas obrigações decorrentes do pacto contratual, onde a legitimidade na argüição da invalidade da fiança será somente do cônjuge que não firmou a autorização, ou seja, o cônjuge do fiador tem legitimidade para demandar a anulação da fiança prestada sem o seu consentimento, não podendo o fiador que prestou a garantia alegar tal fato para argüir sua ilegitimidade para figurar no pólo passivo de demanda judicial, aliás, a ninguém e lícito beneficiar-se da sua própria torpeza.

Em que pese entendimentos em contrário, entendemos certo o posicionamento supramencionado, visto que a legitimidade do cônjuge que não concedeu a fiança está corroborada na defesa dos interesses e da proteção da família. Outrossim, não seria inteligível o ordenamento ao mesmo tempo em que protege os bens da família, exigindo a outorga ou autorização, permitir ao cônjuge de quem partiu a fiança sem a devida anuência, requerer sua exoneração. Assim, vige o princípio de que a ninguém é permitido escusar-se com sua própria torpeza.

A legitimidade do cônjuge prejudicado demonstra, por outro lado, a necessidade da manifestação da parte, ou seja, a impossibilidade da decretação *ex offício* da exoneração da fiança. Este tema terá relevância quanto anulabilidade ou não da fiança sem a anuência de um dos cônjuges.

4.4.1. Da nulidade ou anulabilidade da fiança prestada sem anuência de um dos cônjuges

O art.145 do CC determina quando é dito que um ato é nulo de pleno direito:

> É nulo o ato jurídico:
> I - Quando praticado por pessoa absolutamente incapaz (art. 5º);
> II - Quando for ilícito, ou impossível, o seu objeto;
> III - Quando não revestir a forma prescrita em lei (art. 82 e 130);
> IV - Quando for preterida alguma solenidade que a lei considere essencial para sua validade;
> V - Quando a lei taxativamente o declarar nulo ou lhe negar efeito.

O artigo 146, parágrafo único, determina a possibilidade da decretação *ex officio* da nulidade do ato, em outras palavras, somente é ato nulo aquele que pode ser decretado, além do requerimento das partes, pelo juiz.

Por sua vez, o art.147 do CC elenca os pressupostos para que um ato seja anulável, e em seu art. 149, determina que:

> O ato anulável pode ser ratificado pelas partes, salvo direito de terceiro. A ratificação retroage à data do ato.

Portanto, os atos anuláveis caracterizam-se pela impossibilidade da sua decretação *ex officio*, dependendo sempre da manifestação das partes, permanecendo válido e ratificado até a declaração em contrário.

São firmes os julgados que entendem a fiança sem outorga ou autorização, como anulável, ao enunciarem como característica do ato nulo a decretação *ex officio*,

O contrato de fiança e sua exoneração na locação

enquanto o ato anulável depende da devida manifestação das partes.[43]

Assim também da análise do art. 178, § 9º, I, "b", conclui-se que o direito de anular a fiança decai em 4 anos, o que deixa claro que se o nulo jamais convalece, ou seja, jamais poderá ser ratificado, também, jamais produz direito a ser declinado pelo decurso do tempo, portanto, a fiança sem a outorga constitui uma nulidade relativa.

4.4.2. Da manutenção da responsabilidade do cônjuge signatário

Elucidada a questão da legitimidade para alegação da nulidade da fiança pela inexistência da outorga uxória, urge analisar, diante da validade da fiança no caso em tela, a responsabilidade do cônjuge que a prestou.

É claro o posicionamento do Superior Tribunal de Justiça, em sua Súmula 134:

> Embora intimado da penhora do imóvel do casal, o cônjuge executado pode opor embargos de terceiro para a defesa de sua meação.

---

[43] É anulável e não nula a fiança desprovida de outorga uxória (CC, arts. 145, V, 146, 152 e 239) competindo à mulher legitimidade para demandar a invalidação (CC, art. 239).

"A questão cinge-se em definir se a fiança prestada por pessoa casada, sem a devida aquiescência do cônjuge, é obrigação nula de pleno direito ou simplesmente anulável. Reconhecendo-se aquela, possível é a decretação de ofício, reconhecendo-se esta, depende de provocação do prejudicado".

Em que pesem outros entendimentos, tenho que se trata, realmente, de caso de nulidade relativa, pois depende de provocação dos respectivos legitimados. As diferenciações conhecidas, unanimemente, pela doutrina e pela jurisprudência, entre nulidade relativa e absoluta, assentam-se no caráter imprescindível desta e da prescribilidade, ou sanação daquela; também quanto à legitimidade para que se as reconheçam, enquanto a absoluta pode ser reconhecida até mesmo de ofício pelo julgador, a relativa é limitada a determinadas pessoas, além destas, diferenciação quanto ao interesse protegido, se público ou privado, e a maneira de ser pleiteada em juízo. (Apelação Cível n. 193197167 - 3ª Câmara Cível - Porto Alegre - Rel. Arnaldo Rizzardo, 1º/12/1993.)

Da possibilidade dos embargos de terceiros, a fim de afastar a execução da sua parte legítima da sociedade conjugal, a defesa de tal fundamento está disposta no art. 2º da Lei 4.121, de agosto de 1962:

Art. 3º. Pelos títulos e dívidas de qualquer nature-za, firmada por um só cônjuge, ainda que casados pelo regime de comunhão universal, somente res-ponderão os bens particulares do signatário e os comuns até o limite de sua meação.

Portanto, inobstante a anulabilidade da fiança sem outorga, esta irá ser decretada somente em relação à meação do cônjuge que não a autorizou, visto que entendimento contrário iria acarretar uma insuportável instabilidade nas relações jurídicas, ferindo o ato jurídi-co perfeito (art. 5º, inc. XXXVI, da CF/88).

Assim, a lei civil obriga tal autorização para a concessão da fiança como um pressuposto de garantia ao bem da família, tanto que os artigos 235, III, e 242 do CC, determinam apenas a vedação de tais atos, e não suas nulidades. Uma vez prestada a fiança sem a devida autorização marital ou outorga uxória, há, enfim, um choque de garantias. Uma quanto à relação segurada pela fiança, onde o contraente só a firmou por ter nela um garante pessoal do fiador. Outra seria a garantia aos bens da família, essa não realizada pela falta da autori-zação.

Anular a fiança simplesmente, encerrando a garan-tia pessoal do fiador, é atitude leviana e deveras injusta perante o credor. A execução do patrimônio conjunto, do cônjuge que não autorizou juntamente com o que escondeu a fiança por ele prestada, constitui um excesso de execução, visto que se assim resultar, estaríamos obrigando alguém fora da relação contratada e garanti-da a pagar um preço que não lhe compete.

A fiança, reforço, é um garante *pro debitore*, ou seja, quem a firmou se compromete por alguém, então quem não autorizou tal garante não poderá ser constrangido a pagar por dívida de outro, mesmo que esse outro seja seu cônjuge, pois se trata de uma limitação subjetiva, válida se apresenta, ainda que ausente à outorga uxória ou autorização marital, sendo desnecessária anular-se a garantia, pois o comprometimento fica afeto somente em relação ao patrimônio do fiador que concedeu, ficando ressalvada a meação do cônjuge que não firmou a fiança.

Não obstante o nosso posicionamento, outros existem, porém nos filiamos na corrente que busca harmonizar as relações sem prejuízo a nenhuma das partes, tentando aproximar-se ao máximo do direito inseparado da justiça.

Portanto, sempre que diante de uma fiança dada sem a devida vênia conjugal, a mesma será anulável para aquele que não a autorizou, quanto a sua meação, permanecendo válida para aquele que a prestou, auferindo assim proteger o patrimônio da família sem macular a segurança das relações jurídicas.

4.5. Alteração fática e exoneração automática

Sendo a fiança garantia fidejussória de natureza personalíssima, que decorre da confiança depositada na pessoa do afiançado, existem posicionamentos de que a alteração do panorama fático da relação abrigada pela garantia, extingue automaticamente a fiança concedida, por exemplo, em que o fiador tendo prestado a garantia em contrato de locação, onde o locatário seja uma empresa comercial, e o seu filho é um dos sócios-cotistas, com a alteração dos atos constitutivos da firma, retirando-se o filho da sociedade, com a transferência de suas cotas sociais aos sócios remanescentes, importaria na extinção da fiança.

A fundamentação decorre da fiança existir em virtude da participação de seu filho na sociedade da empresa, sendo a confiança na sociedade empresarial o elemento volitivo e preponderante da fiança prestada o parentesco entre o fiador e seu filho como participante da sociedade.

Não prospera esse entendimento, em decorrência da fiança como garantia ajustada em contrato de locação, pois não existe amparo ou fundamento legal, que proporcione automaticamente a extinção da fiança nessas circunstâncias, o que será possível, se o contrato estiver por tempo indeterminado, com a utilização da ação de exoneração de fiança, possibilitada pelo legislador.

Assim a garantia subsiste, porque inexistiu a perda ou modificação original da identidade da empresa afiançada, e a mera renovação no quadro societário não caracteriza a extinção da personalização jurídica da locatária, que se mantém intacta, pois se tratam de mudanças no interesse exclusivo da mesma.

Outra situação interessante diz respeito à separação do casal locatário, se tal hipótese ensejaria a exoneração automática do fiador, pois em casos de separação de fato, separação judicial, divórcio ou dissolução da sociedade concubinária, a locação prosseguirá com o cônjuge ou companheiro que permanecer no imóvel objeto da locação, forma de sub-rogação que se dá automaticamente, por disposição legal do art. 12 da lei do inquilinato.

O parágrafo único do citado dispositivo aduz que será a sub-rogação comunicada ao locador, o qual terá o direito de exigir, no prazo de trinta dias, a substituição do fiador ou outra modalidade de garantia viabilizada pela lei.

Nesse sentido, a separação do casal, seja qual for a razão legal, não extingue a fiança, o legislador apenas propiciou, como mera faculdade, a substituição ou exigência de outra modalidade de garantia, não causando a liberação da fiança, tanto é, que a lei do inquilinato não prevê como forma extintiva.

O contrato de fiança e sua exoneração na locação

Aliás, a locação em tese é contratada no caso para fins residenciais, para residência familiar, estabelecendo-se da mesma forma a fiança, e a ruptura da vida em comum e afastamento de um dos cônjuges do lar não rompem a locação, pois como exposto, o legislador apenas como faculdade viabiliza a substituição ou exigência de outra modalidade, não se configurando forma de extinção da garantia.

A cessão, sublocação ou empréstimo do imóvel locado, seja de forma parcial ou total, dependem de consentimento prévio e por escrito do locador, e por efeito, a transferência da locação, seja onerosa ou gratuita, sem a autorização do locador, não importará na liberação do fiador, o que, aliás, poderá caracterizar até infração à obrigação legal e contratual, ensejando a ação de despejo, na forma do art. 9º, II, da lei do inquilinato.

É comum fiadores alegarem a exoneração da garantia firmada na locação, a ocorrência de prática vedada pelo contrato, praticada pelo locatário, no caso, seu afiançado, onde não há qualquer participação do locador, seja pela anuência expressa ou até mesmo tácita, por conseqüência, sendo descabida a alegação de liberação.

Tal desvinculação do fiador, para garantir as obrigações decorrentes do pacto locatício, poderá ser configurada, se o locador tenha manifestado sua concordância formalizada ou não, em substituir na relação o locatário, e diante dessa circunstância, pela própria pessoalidade da garantia fidejussória, sem a participação do fiador, estaria liberado da responsabilidade oriunda do contrato de locação.

Caso contrário, não tendo o locador participado da transferência total ou parcial da locação, o fiador será responsabilizado pelos aluguéis e encargos, estando sujeito até a imposição da cláusula penal compensatória, prevista contratualmente, como pré-fixação das perdas e danos, quando ocorre o descumprimento do ajuste contratual, na hipótese o desvirtuamento da locação.

5. Modos de extinção da fiança na locação

A fiança na relação de locação poderá se extinguir por causas comuns das obrigações, tais como: pela extinção da locação com o cumprimento integral das obrigações legais e contratuais; com o pagamento da dívida oriunda do pacto locatício; pelas formas indiretas estabelecidas na legislação civil, como consignação, sub-rogação, dação em pagamento, compensação, transação, remissão e a própria confusão.

A Fiança poderá ser extinta pelo próprio decurso do prazo determinado para sua vigência, quando as partes ajustarem prazo certo, com período expressamente estatuído, sem vinculação à entrega definitiva do imóvel pelo locatário.

Extingue a fiança a existência de exceções pessoais que podem ser utilizadas pelo fiador para eximir-se da responsabilidade, além das situações previstas no art. 1.503 do CC.

A morte do fiador extingue a fiança, onde a responsabilidade pelas obrigações legais e contratuais serão limitadas até o advento da morte, mesmo que o contrato de locação esteja em plena vigência do prazo determinado, consoante a interpretação que deve ser aferida ao art. 1.501 do CC, ainda que as obrigações do fiador passarão a seus herdeiros, com a sua responsabilização limitada ao tempo decorrido até o seu óbito, não podendo ultrapassar as forças da herança.

O contrato de fiança e sua exoneração na locação

5.1. A prescrição

Outra questão a ser mencionada concerne à prescrição, com a extinção da ação para obtenção dos aluguéis decorrentes do contrato de locação, pois o decurso do prazo impossibilita a obtenção do direito tutelado, sendo fixado por lei para o exercício, em cinco anos, consoante art. 178, § 10, inciso IV, do Código Civil.

O locador, após o decurso do prazo de cinco anos, ficará impossibilitado de obter a renda relativa ao aluguel, pela prescrição, tanto do locatário como do fiador, mas a prescrição poderá ser suspensa, interrompida ou impedida pelas causas legais.

A prescrição é questão de mérito, conforme preceitua o art. 269, IV, do CPC, e quando o juiz indefere a petição inicial por prescrição, há extinção do processo com julgamento do mérito, pois é causa extintiva da pretensão, e não do direito abstrato da ação, sendo instituto de direito material.

Evidente que a decisão que decreta a prescrição é uma sentença, pondo termo ao processo, passível do recurso adequado da apelação, e em tese, com a decretação da prescrição, sequer serão apreciadas as outras questões de mérito, como moratória ou novação, por exemplo.

A interrupção da prescrição se dará à data da propositura da ação, esta foi a nova redação ao § 1º do art. 219 do Código de Processo Civil, através da Lei nº 8.952, de 13.12.94, considerando-se que a propositura da ação ocorre com o despacho pelo juiz da petição inicial, ou pela distribuição, onde houver mais de uma vara (art. 263 do CPC).

No que concerne à execução embasada no contrato de locação escrito, como título executivo extrajudicial contra o fiador, prescreve a execução no mesmo prazo de prescrição da ação, em consonância com a Súmula 150 do STF, ou seja, em cinco anos.

A argüição da prescrição, em referência ao art. 741, VI, do CPC, seria oportuna, via embargos à execução, mas tal procedimento não é uníssono, seja na doutrina ou na jurisprudência. Em caso de execução por título judicial, somente pode ser alegada a prescrição superveniente por meio de embargos, como medida incidental, já no que pertine à execução decorrente de título extrajudicial, entendem alguns, que somente pode ser formulada em sede de embargos, após seguro o juízo, no caso, pela penhora.

Passado o prazo para apresentação dos embargos, o devedor não poderá alegar a prescrição, nem mesmo argüi-la, se não constou dos embargos, esta é a posição adotada pelo STJ – 1ª Turma, REsp. 181.588-PE, relator Min. Garcia Vieira, julgado em 12.11.98, com provimento unânime, publicado no Diário de Justiça da União em 22.02.99, p. 75; ainda, posição da 3ª Turma, no REsp. 61.606-MG, relator o Min. Nilson Naves, julgado em 24.02.97, onde pela maioria foi dado provimento, publicado em 22.04.97, p. 14.423.

Por outro lado, existem entendimentos que a prescrição poderá ser deduzida até por meio de petição avulsa, fora do prazo legal para oposição dos embargos do devedor (RT 754/301), ou na ausência de penhora, não correndo prazo para serem opostos embargos, ser alegada independentemente de seguro o juízo (RT 624/105).

Diante das posturas evidenciadas, aludimos ainda, o caso da exceção da pré-executividade, como instrumento processual para suscitar e levantar a questão da prescrição, e a tese contrária, seria que a prescrição sendo matéria de mérito, não poderia ser admitida em sede de exceção.

Esta restrição deve ser bem analisada, pois a alegação nada mais seria de que um questionamento da própria admissibilidade da execução aforada, como na hipótese do pagamento, forma extintiva da obrigação, também indicada no art. 741, VI, do CPC, e que é matéria de defesa, e inevitavelmente, não poderíamos rejeitá-la, ou poderíamos?

Em que pesem os argumentos de que sendo a prescrição matéria de fundo, devendo existir garantia do juízo, e posterior oposição de embargos, para merecer a apreciação, entendemos que por meio de exceção de pré-executividade será possível, pois se caracteriza nessa situação, mesmo como matéria de mérito, indispensável requisito de exercício da pretensão executiva, mesmo sem os embargos do devedor.

No contexto da locação predial urbana, vamos examinar hipóteses de enorme relevância, que conduzem à extinção da fiança, sem a necessidade da propositura da competente ação de exoneração pelo fiador, podendo, ser oposta em defesa, como a contestação em ação de conhecimento, e até, em caso de processo de execução proposto pelo locador, pois o contrato de locação se caracteriza como título executivo extrajudicial (art. 585, IV, do CPC), por meio da ação incidental de embargos à execução.

Dos modos extintivos, que repercutem na relação *ex locato* com maior veemência, ou mais utilizados como forma de defesa, podemos enumerar a novação e a moratória, que inclusive despertam uma maior apreciação pela doutrina e pela jurisprudência, e que diante disso, passamos a analisar de maneira individualizada.

5.2. Da novação

A novação é um meio extintivo das obrigações, em que as partes interessadas modificam a obrigação antiga, criando uma nova obrigação, que automaticamente opera uma substituição, extinguindo a antiga e nascendo uma outra obrigação. Na realidade, a novação, para se verificar, exige uma alteração substancial da obrigação antiga, para constituir uma nova obrigação, em que a modificação poderá ser de pessoas, seja o credor ou devedor, ou do objeto da obrigação, conforme estampa o artigo 999 do Código Civil Brasileiro.

Percebe-se que a novação, além de extinguir uma obrigação, também é causa criadora de outra obrigação, que vai *ipso jure* substituir a anterior.

Dentre tantos conceitos, merece ensejo o de José Soriano de Souza Neto, citado por Maria Helena Diniz,[44] em que a novação "é a extinção de uma obrigação, porque outra a substitui, devendo-se distinguir a posterior da anterior pela mudança das pessoas (devedor ou credor) ou da substância, isto é, do conteúdo ou da causa *debendi*".

Orlando Gomes, de forma simples, mas precisa, aduz que a novação é a extinção de uma obrigação pela formação de outra, destinada a substituí-la.

O mesmo autor ressalta, embasado nos ensinamentos de Barassi, que a intenção da novação não é extinguir para criar, mas criar para extinguir, constituindo assim nova obrigação para extinguir a precedente.[45]

Para gerar uma novação é imprescindível a existência de elementos e condições essenciais, que rigorosamente devem compor a nova obrigação, em substituição à antiga, em que mencionamos:

a) *Obligatio Novanda* - É a existência jurídica de uma obrigação anterior, que será extinta com a constituição da nova obrigação, possibilitando a operação da novação. Por efeito, é necessário que a obrigação precedente exista e seja válida.

b) *Obrigação Nova e Substitutiva* - Com a extinção da obrigação antiga, surge uma nova relação jurídica obrigacional, que vai substituir a originária. Ressalta-se, que sem a nova obrigação, não há fenômeno novatório.

c) *Aliquid Novi* - É o elemento novo, que vem inserido na obrigação substitutiva, podendo instalar-se a modificação sobre o objeto da relação obrigacional, ou

---

[44] DINIZ. Maria Helena. *Curso de direito civil brasileiro:* teoria geral das obrigações. São Paulo: Saraiva, 1993. v. 2, p. 241.
[45] GOMES. Orlando. *Obrigações.* 9ª ed. Rio de Janeiro: Forense, 1994.

O contrato de fiança e sua exoneração na locação

no pólo ativo ou passivo, caso seja a substituição do credor ou devedor.

d) *Animus Novandi* - É a vontade concreta de novar, em que as partes interessadas extinguem a obrigação originária, criando uma nova, que irá substituí-la, formando uma nova relação obrigacional, liame este resultante da intenção de criar e extinguir um débito, sendo ânimo de novar, onde existe norma expressa em nossa legislação civil, em matéria de direito material, no art. 1.000 do Código Civil. Esse requisito é de vital importância, devendo estar claramente declarado pelas partes, com o objetivo estampado de alterar a obrigação de forma objetiva (conteúdo) ou subjetiva (credor ou devedor). Tanto é, que a novação não se presume, deve ser expressa e inequívoca, a intenção das partes interessadas em modificar a relação obrigacional,[46] em que a novação supõe, para sua admissão, a produção de prova conclusiva quanto a sua ocorrência, não sendo suficientes meros indícios.

Alguns autores, dentre eles Silvio Rodrigues e Maria Helena Diniz, ainda enumeram como requisito ou pressuposto a capacidade e legitimação das partes, mas que há de se observar que, para a realização do fenômeno novatório, deverão existir ínsitos os requisitos contratuais, ou dos atos jurídicos válidos, como: agente capaz, objeto lícito e forma prescrita ou não defesa em lei.

A novação poderá ser objetiva ou subjetiva. A espécie objetiva ocorre quando a modificação se der no objeto da obrigação, ou seja, a alteração for da natureza ou da causa jurídica da obrigação. Na subjetiva, também denominada pessoal, pode ocorrer pela substituição do devedor (novação subjetiva passiva), ou do credor (novação subjetiva ativa), assim sendo, o elemento novo corresponde aos sujeitos envolvidos no liame obrigacional.

---

[46] Nesse sentido, entendimento já esposado pelo nosso Tribunal de Alçada do Estado, em acórdão da 6ª Câmara Cível, Apelação Cível de nº 191086909, tendo como Relator o juiz MOACIR ADIERS, julgada em 17.10.91, in Julgados do extinto Tribunal de Alçada do Rio Grande do Sul, vol. 80, p. 357.

Na novação subjetiva passiva, pode realizar-se de duas formas por delegação ou expromissão. Pela delegação, a nova obrigação é originada por mando do devedor, ou seja, a substituição do devedor será feita com o consentimento do devedor da obrigação antiga, que indicará o terceiro para saldar o débito, consoante artigo 999, II, do Código Civil. Na expromissão, ocorre a substituição do devedor, em que o novo devedor espontaneamente assume a obrigação, independente do assentimento do devedor originário, desde que concorde o credor (artigo 1.001 do Código Civil).

Portanto, o principal efeito da novação é criar uma nova obrigação para extinguir obrigação anterior, efetivando uma substituição, constituindo a novação, por isso, simultaneamente em fonte criadora e causa extintiva de obrigações. Dentre os múltiplos efeitos oriundos da novação, podemos destacar: extinção dos acessórios e garantias da dívida, desde que não exista estipulação contratual em contrário (artigo 1.003 do Código Civil), tais como juros, garantias reais (penhor, anticrese e a hipoteca), as pessoais (fiança); o desaparecimento da mora do devedor originário; as preferências e garantias do crédito novado subsistem, nos termos do artigo 1.005 do Código Civil; a exoneração do fiador com a alteração substancial, sem o seu consenso (artigo 1.006 do Código Civil); nas obrigações solidárias, operadas a novação entre o credor e um dos devedores solidários exoneram os demais.

5.2.1. A novação na relação locatícia

Muito se tem indagado, no que se refere à novação nas relações contratuais, atinentes às locações de imóveis, sejam residenciais ou não-residenciais.

Divergem alguns posicionamentos, quanto aos termos aditivos dos contratos de locação, que majoram o valor locatício, alteram o prazo ou forma de reajuste, e

O contrato de fiança e sua exoneração na locação

se tais termos aditivos, adendos, ou pactos modificativos caracterizam-se como novação, o que resultaria na exoneração do fiador, nos termos dos artigos 1.006, 1.503, I, do Código Civil.

A princípio deve-se destacar que a novação, para configurar-se, exige a consonância rigorosa do preenchimento de todos os requisitos indispensáveis, sob pena de não resultar o fenômeno novatório, significa a necessidade do ânimo de novar, criando-se uma nova obrigação para substituir outra precedente.

Não bastam palavras e termos sacramentais, mas sim as circunstâncias inequívocas que expressem a real intenção das partes, em alterarem substancialmente a relação obrigacional.

O nosso extinto Tribunal de Alçada, em algumas decisões, analisando o aditivo ao contrato de locação, em que foi estabelecido, entendeu que não consistiu em novação do pacto avençado entre locador e locatário, visto que não há extinção da obrigação primitiva, característica indispensável do instituto novatório, constituindo uma nova obrigação, apenas representando uma alteração do débito, compatível nas relações obrigacionais locatícias, face à defasagem dos alugueres em conformidade ao mercado imobiliário.[47]

Ainda no que pertine à discussão sobre a majoração dos locativos e à alteração dos índices e periodicidade dos reajustes dos aluguéis atinge ou não a responsabilidade solidária dos fiadores, assim definiu:

> "Fiança. Majoração dos locativos e alteração dos índices e periodicidade dos reajustes dos aluguéis. Responsabilidade dos fiadores pelas obrigações decorrentes da alteração contratual".[48]

---

[47] Inclusive em decisão da 3ª Câmara Cível, nos Julgados do Tribunal de Alçada do Rio Grande do Sul, vol.78, p. 189.

[48] Decisão da 3ª Câmara Cível, em Apelação Cível nº 194103040, tendo como Relator o Juiz Luiz Otávio Mazeron Coimbra, datada de 15.06.94, in Julgados do Tribunal de Alçada do Rio Grande do Sul, vol. 90, p. 268.

Destaca a ementa do acórdão que mera alteração de cláusula contratual inserta em contrato de locação, quer quanto aos índices ou periodicidade dos reajustes, quer quanto à majoração dos locativos, não configura novação, por inocorrer as hipóteses arroladas nos incisos I, II e III do artigo 999 do CC. Mesmo na hipótese em que o nominado *adendo contratual* fora celebrado à revelia dos fiadores, que não foram notificados para participar da alteração, mantém-se a garantia de fiança nos moldes em que foi prestada.

O referido acórdão ainda cita a orientação da jurisprudência,[49] no seguinte sentido: "Fiança. Persiste a responsabilidade de fiador mesmo que locador e locatário tenham firmado adendo ao contrato majorando locativos. A vinculação do fiador é com a relação *ex locato*. Por isso, o limite da fiança é o fato entrega das chaves - e não o tempo".

Sendo assim, o aditivo ao contrato de locação, no qual ajustem locador e locatário, a majoração dos aluguéis e modificação do prazo de reajustamento não consiste em novação do pacto locatício, pois tal alteração não provoca a desaparição da obrigação antiga, característica indispensável e elemento nevrálgico para a configuração da novação, que basicamente extinguiria a obrigação primitiva, visto que o termo aditivo ou adendo ao contrato locatício não apresenta os elementos novatórios, existe sim, apenas a atualização do valor locacional mediante acordo, que visa a diminuir a defasagem entre o valor do aluguel pago e o valor real do mercado, ou mesmo para repor eventuais perdas decorrentes do processo inflacionário.

Na realidade, o acordo para a majoração do aluguel não significa qualquer elemento novo na dinâmica contratual, sendo inerente ao pacto locatício, onde o mecanismo da revisão é legalmente previsto na lei inquilinária, e onde a atualização é praticada normalmente, face ao princípio

---

[49] 6ª Câmara Cível, do nosso Tribunal de Alçada, Apelação Cível nº 190093302, Relator o Juiz Ruy Armando Gessinger, julgada em 18.10.90.

da livre negociação, que consiste em instrumento utilizável para corrigir o *quantum* ao preço de mercado, e o conseqüente equilíbrio da própria comutatividade contratual, com a respectiva equivalência de prestações.

A Lei do Inquilinato nº 8.245/91, de forma clara, prescreve no artigo 18: "É lícito às partes fixar de comum acordo novo valor para o aluguel, bem como inserir ou modificar cláusula de reajuste". Portanto, o aditivo contratual, para alterar a periodicidade de reajustamento, e a majoração do aluguel não constituem novação, sendo freqüente esta fundamentação dos fiadores, que objetivem o afastamento da responsabilidade obrigacional, quando não participam do aludido aditivo à locação, e por efeito tendo sido celebrado entre inquilino e locador, à revelia dos fiadores, que não participaram da alteração contratual, invocam a regra do artigo 1.483 do Código Civil, de que não respondem por obrigações originadas da alteração contratual em razão da ausência de consentimento.

Independente desta participação dos fiadores, estes continuam solidariamente responsáveis, pois a fiança como contrato acessório ao contrato de locação, onde os fiadores assumem a responsabilidade solidária, renunciando ao benefício de ordem, e obrigando-se ao pagamento dos aluguéis e encargos previstos contratualmente enquanto perdurar a locação ficam vinculados às obrigações pactuadas, até a efetiva entrega das chaves, mesmo com a prorrogação automática, após o decurso do prazo determinado, não sendo o adendo ou aditivo à locação novação capaz de eximir os fiadores do liame obrigacional, primeiro por não constituir novação, pois despido dos elementos indispensáveis à caracterização de tal fenômeno, segundo por tratar-se de prática normal em vista a dinâmica da economia moderna, face aos índices de inflação e preço de mercado das locações, através da livre negociação entre as partes (locador-locatário), ou judicialmente, a fim de adequá-los aos preços do mercado imobiliário.

5.2.2. A Súmula 214 do STJ

A posição atual do Superior Tribunal de Justiça se exara através da súmula 214: "O fiador na locação não responde por obrigações resultantes de aditamento ao qual não anuiu", evidenciando que o posicionamento do STJ é de que os fiadores que não participaram à nova pactuação não respondem pelas obrigações contratuais, uma vez que o contrato acessório da fiança exige forma escrita e não comporta interpretação extensiva, consoante inteligência do art. 1.483 do CC.

Com efeito, não responde o fiador pelas obrigações futuras advindas de alteração contratual por termo aditivo ou adendo, firmado entre locador e locatário, sem a sua anuência, em virtude do caráter benéfico e desinteressado da garantia fidejussória, não podendo sem a sua concordância ou até mesmo contra a sua vontade, permanecer infinitamente obrigado, aliás, mesmo que exista cláusula contratual, que estipule a responsabilidade até a entrega efetiva de chaves do imóvel locado.[50]

Com esta postura do STJ, praticamente torna inócua a discussão sobre a caracterização da novação, seja objetiva ou subjetiva, pois qualquer adendo ou termo aditivo, será considerado como aditamento, que resulta na liberação da responsabilidade do fiador, pelas obrigações contratuais e legais da locação, a partir do aditamento ou aditivo.

Mas o Superior Tribunal de Justiça está indo mais longe, em consonância as decisões recentes,[51] o que

---

[50] Embargos de divergência. Não responde o fiador pelas obrigações futuras advindas de aditamento ou prorrogação contratual a que não anuiu, assinado entre locador e o inquilino, à vista de seu caráter benéfico desinteressado, não podendo contra sua vontade, permanecer indefinidamente obrigado. (REesp. nº 67.601/SP, Terceira Seção, rel. Min. José Arnoldo, DJ 29.6.98.)

[51] A jurisprudência da Corte vem-se firmando o sentido de não se admitir interpretação extensiva ao contrato de fiança, daí não poder ser responsabilizado o fiador por prorrogação de prazo de contrato de locação, a que não deu anuência, mesmo que exista cláusula de duração de responsabilidade do fiador até a efetiva entrega das chaves. (Resp. 195884-ES, Rel. Min. José Arnoldo da Fonseca, DJ 04.10.99). Com a mesma interpretação restritiva da fiança, recente aresto em Recurso Especial 254463-MG, rel. Min. Vicente Leal, DJ 09.04.2001.

O contrato de fiança e sua exoneração na locação

contraria radicalmente o espírito da lei do inquilinato, até podendo ser considerada como decisão contrária à lei federal, quando alguns arestos, mais recentes, tem propalado o entendimento de que não se admite a responsabilização do fiador por encargos locatícios acrescidos ao pactuado originalmente do contrato, ou seja, em caso de vencimento do prazo determinado, o fiador ficará liberado, se não houver anuência para continuação da garantia.

Esta posição é extremamente contrária ao disposto na lei do inquilinato, já que, em caso de vencimento do prazo certo e determinado, a locação se prorroga automaticamente por tempo indeterminado, sendo que, em face ao estatuído no art. 39, o fiador ficará obrigado até efetiva devolução do imóvel locado, sendo plausível, que diante de aditamento se desobrigue o fiador, mas a prorrogação da locação sem qualquer modificação não exonera o garantidor, que permanecerá até a entrega do imóvel, com exceção, como vimos, na hipótese de aditamento ou em caso da propositura de ação de exoneração de fiança.

Assim, frisa-se que os fiadores continuam responsáveis pelas obrigações oriundas do contrato de locação, após o vencimento do prazo, até a entrega efetiva do imóvel objeto da locação, e nas situações em que houver aditivos ou adendos ao pacto, que modifique a periodicidade, altere o valor do aluguel, sem anuência ou concordância do fiador, independente da caracterização de novação, é considerada como aditamento, conduzindo a interpretação da Súmula 214 do STJ.

Não ocorrendo aditamentos, resta, em tais situações, o remédio jurídico, para os fiadores, de pleitearem a exoneração de fiança, que na forma do artigo 1.500 do Código Civil se dá por ato amigável ou por sentença judicial, sendo esta obtida pela propositura de ação de exoneração, pois é claro e inadmissível a hipótese de os fiadores obrigarem-se perpetuamente pelo contrato de fiança, onde na obrigação está ínsito o conteúdo da transitoriedade, conforme já manifestado em item anterior, proporcionando assim a faculdade do fiador, na vigência da indeterminação do prazo, independente de renúncia contratual à exoneração, de eximir-se do vínculo obrigacional, ação que viabilizará efeito liberatório apenas para os atos posteriores da sentença, respondendo os fiadores pelos aluguéis vencidos e não pagos até a data que ficar desobrigado, que se dá com o trânsito em julgado da decisão.

5.3. Da moratória

Partindo-se de uma análise contextual em que a fiança possui característica *intuitu personae* relativamente ao fiador, para sua celebração será imprescindível à confiança que inspirar ao credor; por não se admitir interpretação extensiva, respondendo o fiador somente pelo que estiver expresso no instrumento da fiança, sendo que se alguma dúvida houver, será ela solucionada em favor do fiador; e por ser um contrato entre credor e fiador, deverá integrar o contrato acessório, como requisito subjetivo, o consentimento de ambos para a sua validade e exigibilidade, entendendo-se que qualquer pacto expresso realizado entre credor e afiançado sem a anuência do fiador, ou seja, fora da bilateralidade credor/fiador, será motivo justificado para o fiador se exonerar da fiança.

O credor tem o direito de exigir do fiador o pagamento da dívida garantida, mas carece do poder de agravar-lhe a situação, sob a cominação de cessar a garantia. Assim é que extingue a fiança e exonera-se o fiador, ainda que seja este solidário ou principal pagador.[52]

O art. 1.503, inciso I, do Código Civil brasileiro, enumera uma das hipóteses sobre a qual a extinção da fiança recai.

---

[52] PEREIRA, Caio Mário da Silva. *Instituições de direito civil*. 10. ed. Rio de Janeiro: Editora Forense, 1999. v. III, p. 334.

Art. 1.503 – O fiador, ainda que solidário com o principal devedor, ficará desobrigado:
I – se, sem consentimento seu, o credor conceder moratória ao devedor;
(...)

A moratória consiste na concessão de novo prazo, depois de vencida a obrigação, ou por vencer, isto é, a dilação do prazo estabelecido pelo credor ao devedor, além do dia prefixado e já vencido, à revelia do fiador. Os nossos Tribunais têm se esforçado a fim de conceituar a moratória: "Como moratória se entende a concessão de prazo dentro do qual fica suspensa a exigência da prestação" (RT, 206/498). "O fato de haver o credor concedido ao devedor novo prazo para o pagamento da dívida e ainda em parcela constitui moratória" (RT, 319/362).

5.3.1. No direito comparado

No direito comparado, podemos mencionar; em relação ao inciso I do art. 1.503 do Código Civil brasileiro (idem, Código Civil português, art. 852; espanhol, art. 1.851; argentino, art. 2.046), diferentemente, resolve o problema que se apresentou noutros sistemas jurídicos, como o francês e o italiano, para quais a simples prorrogação do termo concedida pelo credor ao devedor principal não desobriga o fiador; porque, como se tem observado, se no decurso da moratória se tornar insolvente o devedor, a situação do fiador, que tem direito de reaver o que tiver pagado pelo afiançado, piora por ato de outrem.[53]

Se o credor principal anui em espera, dilação ou qualquer prazo de graça ao devedor principal, extin-

---

[53] BEVILÁQUA, Clóvis. *Código Civil dos Estados Unidos do Brasil*. 6. ed. Rio de Janeiro: Editora Rio, 1958. v. IV, p. 638.

gue-se a fiança. Outrossim, qualquer *pactum de non petendo*.[54]

No Código Civil francês, imitado por outros, está dito:

> Art. 2.039 - La simple prorogation de terme, accordée par le créancier au débiteur principal, ne décharge point la caution, qui peut, en ce cas, poursuivre le débiteur pour le forcer au paiement.

Solução evidentemente de repelir-se, *de iure condendo*.

No mesmo sentido da legislação pátria, estão orientados os códigos civis argentino e espanhol, respectivamente:

> Art. 2.046 - La prórroga del prazo pago hecha por acreedor, sin consentimiento del fiador, extingue la fianza.

> Art. 1.851 - La prórroga concedida al deudor por el acreedor sin el consentimiento del fiador extingue la fianza.

5.3.2. Requisitos da moratória

A jurisprudência brasileira tem ostentado que para que haja a situação prevista pelo art. 1.503, inciso I, do Código Civil, é essencial a presença, no mínimo, dos seguintes requisitos: a) ato bilateral, credor/afiançado, ou declaração unilateral de vontade por parte do credor; b) dilação do prazo para pagamento dado ao devedor; c) realização após o vencimento da dívida, ou por vencer esta; d) acordo ou declaração expressa, onde se requer prova cabal; e) falta de anuência do fiador relativo a esse acordo ou declaração; f) impedimento de se exigir o pagamento do débito ao afiançado.

---

[54] MIRANDA, Pontes de. *Tratado de direito privado: direito das obrigações.* 2. ed. Rio de Janeiro: Editora Borsoi, 1963. Tomo XLIV, p. 219.

O contrato de fiança e sua exoneração na locação

A prorrogação do prazo ou qualquer adiamento, que entre no direito, tem de ser escrito.

Importante esclarecer que o recebimento parcial das prestações devidas, que se escriturem em conta-corrente, ou de que se dêem recibos parciais, não é suficiente para se afirmar ter havido moratória. Precisa ser escrito o pacto *de non petendo in tempus* ou a declaração unilateral de vontade.[55]

Têm-se de distinguir a moratória, em senso lato, e a tolerância; bem assim a prorrogação do prazo para pagamento e a moratória, em senso lato, que é o *pactum de non petendo in tempus*, ou adiamento *ex lege* (senso estrito e próprio de moratória). Se o credor espera, sem se vincular a não pedir dentro do prazo, há tolerância, e não moratória. O acordo de espera, o *pactum de non petendo in tempus*, entra no mundo jurídico, é negócio jurídico bilateral, e pode haver declaração unilateral de vontade do credor que lhe crie a vinculação de não pedir dentro de determinado prazo, ou até a algum acontecimento. O *ato de tolerância* não entra no mundo jurídico; permanece no mundo fático: a relação jurídica entre o credor e o devedor, quanto a esse acordo, ou quanto ao ato unilateral de tolerância, é de ordem *moral*, ou de ordem *econômica*, ou *política*, e não de ordem *jurídica*.[56]

Portanto, a moratória concedida sem aquiescência do fiador produz a desobrigação deste. Mas a simples inércia, ou a tolerância do credor não constitui moratória no sentido legal. Não há, nesse caso, um prazo que impeça o exercício da ação do credor.[57]

Na mesma linha de pensamento, a exegese do magistério João Luis Alves é perfeita:

"Para que haja moratória é preciso que seja ela expressa e confira ao devedor o direito de opor-se à exigência de pagamento antes de findo o prazo con-

---

[55] MIRANDA, Pontes de. *Tratado de direito privado*, op. cit.
[56] Idem, ibidem.
[57] RT 185/764.

cedido, isto é, não basta a simples tolerância do credor em não executar a dívida vencida, embora isso implique em concessão de prazo ao devedor".

Nesta hipótese, o débito continua exigível, não só pelo credor, como pelo próprio fiador, nos exatos termos do art. 1.499 e, desde que este possa exercer o seu direito contra o devedor não há moratória nem razão para considerar-se extinta a fiança.[58]

O fiador tem o remédio do art. 1.499 do Código Civil, para remediar a inércia do credor, ou seja, a possibilidade de exigir que o devedor satisfaça *in continenti* a dívida ou o exonere da fiança. Entretanto, como através da concessão de moratória fica o fiador privado desse meio de defesa, pois a dívida se torna inexigível, a lei o libera de sua responsabilidade.[59]

Segundo o emérito J. M. de Carvalho Santos, a moratória constitui novação, e a fiança para uma dívida não se entende dada para novação.[60] No entanto, não consideramos a moratória como uma espécie de novação, em virtude de não constituir ela uma nova dívida, que extinga e substitua a anterior, mas sim, apenas uma dilação do prazo para pagamento do débito, sem que haja qualquer extinção ou substituição do seu objeto. Ademais, os casos previstos como novação estão enunciados no art. 999 do CC, que não se encaixam nos parâmetros da moratória.

É manifesto que o devedor, pedindo tal prorrogação, confessa implicitamente que não está habilitado a pagar, e durante o novo prazo, pode sobrevir a insolvência do mesmo devedor, sendo plenamente justo que o fiador não fique sujeito a este arbítrio do credor.

Portanto, tal concessão poderá ter como conseqüência o agravamento na situação econômica do devedor,

---

[58] Código Civil, Comentário ao art. 1.503, in RT 255/465.
[59] RODRIGUES, Sílvio. *Direito civil, dos contratos e das declarações unilaterais de vontade*. 10. ed. São Paulo: Editora Saraiva, 1980. v. III, p. 395.
[60] *Código Civil Brasileiro Interpretado*. 9. ed. Rio de Janeiro: Freitas Bastos S/A, 1977, v. XIX, p. 491-492.

cujos bens já poderão ser insuficientes para suportar o direito regressivo do fiador.

Na hipótese de o acordo entre credor e devedor não versar sobre a totalidade da dívida, permanece o fiador responsável sobre o restante dos débitos caso estes não sejam honrados, desobrigando-se, contudo, quanto ao pagamento parcelado, objeto do pacto.

Levantando-se a questão da existência de co-fiadores em garantia a um débito, a transação firmada com a anuência de apenas um dos fiadores não estende seus efeitos aos demais, que sequer tiveram conhecimento do acordo ajustado.

Tendo-se em vista que, conforme o art. 1.483 do CC, na fiança não se admite interpretação extensiva e, na dúvida, interpreta-se a fiança favoravelmente ao fiador, conclui-se que conceder novo prazo importa em moratória, o que desobriga o fiador que não participou do acordo, não lhe recaindo o ônus de solver a dívida pelo período que ultrapassa àquele primeiramente estipulado, sendo que o fiador anuente continua garantidor do débito estabelecido, agora por um lapso temporal maior.

No Código Comercial, art. 262, 1ª parte, a expressão foi melhor, mas insuficiente para definir precisamente a situação: fala-se em "prorrogação de termo", para se aludir à prorrogação do contrato ou dilação para exigência da prestação. Também assim o Código Civil argentino, art. 2.046. De *iure condendo*, melhor essa solução do que a do Código Civil francês, art. 2.039: "La simple prorogation de terme, accordée par le créancier au débiteur principal, ne décharge point la caution, qui peut, en ce cas, poursuivre le débiteur pour le forcer au paiement".

É assente não bastar como pressuposto para a incidência do art. 1.503, I, do Código Civil, ou do art. 262, 1ª parte, do Código Comercial, o prazo de tolerância.[61]

---

[61] MIRANDA, Pontes de. *Tratado de direito privado, direito das obrigações*. 2. ed. Rio de Janeiro: Editora Borsoi, 1963. Tomo XLIV, p. 220.

5.3.3. A renúncia do fiador ao direito

Se o fiador consentiu, por escrito, ou, comunicando o que ocorreu, com prazo para se manifestar contrariamente, se vinculou pelo silêncio, o art. 1.503, I, do Código Civil não é invocável, é o que ocorre, no caso em que o locador procede um parcelamento do débito originado pelo atraso no pagamento de aluguéis e encargos, tendo o fiador anuído, ou melhor, concordando expressamente com o ajuste que concedeu o fracionamento da dívida e concessão de novo prazo, que geralmente se instrumentaliza por termo aditivo ou acordo.

No mesmo sentido, em caso de ação judicial de despejo por falta de pagamento de aluguéis ou encargos, tendo o fiador sido intimado sobre a existência da ação, poderá haver dilação de prazo, sem caracterizar moratória.

Ainda, em ação de despejo por falta de pagamento, havendo pagamento parcial do débito pelo locatário, sem quitação da dívida, não ensejará a moratória, inclusive, a simples suspensão do feito, embora nesta última situação diverge a jurisprudência.

Questão controvertida se refere à renúncia do fiador junto ao contrato de locação ou em termo acessório, sobre a possibilidade do garantidor se desobrigar da fiança, caso seja concedida moratória em favor do locatário, inserindo-se geralmente em cláusula contratual, onde o fiador concorda com qualquer espécie de fracionamento do débito ao inquilino, extensão de prazo e forma para adimplemento da obrigação locatícia.

O primeiro entendimento reza que o art. 1503, I, é *ius dispositivum*. Se no contrato de fiança foi assumida a responsabilidade mesmo se o credor assina *pactum de non petendo in tempus*, está pré-excluída a desoneração.[62]

Logo, constando de cláusula contratual em que os fiadores renunciam às penalidades previstas no art. 1.503 do CC, a moratória não os exonera das obrigações

---

[62] MIRANDA, Pontes de. *Tratado de direito privado*, op. cit.

assumidas com a fiança, podendo o locador parcelar o débito do locatário, com modalidade de pagamento, sem a participação do fiador.

O segundo posicionamento é de que a cláusula pelo qual o fiador renuncia a possibilidade de liberar-se da fiança, em virtude de cláusula contratual no pacto locatício, é gritantemente potestativa e deve ser tida como não escrita, por afronta ao disposto no art. 115 do CC e no art. 51, IV, X e XIII, da Lei 8.078/90.

Considerando que a fiança se dará por escrito, não admitindo interpretação extensiva, a cláusula contratual merece uma interpretação mais acurada, caso a caso, não podendo refugir a interpretação restritiva da fiança, além da pessoalidade conferida a esta espécie de garantia, prestada sem qualquer contraprestação. Assim, ambos os posicionamentos encontram guarida na doutrina e na jurisprudência,[63] mas comungamos com o entendimento que impede a renúncia formulada previamente no contrato de locação, pois não se pode renunciar ao direito que ainda não se tem, onde a alternativa de desobrigar-se da garantia, pela moratória, somente surgirá no transcurso da relação locatícia.

---

[63] INOCORRÊNCIA DE NOVAÇÃO, TRANSAÇÃO OU MORATÓRIA – INADMISSIBILIDADE – Interpretar benéfica e restritivamente o contrato de fiança não significa concluir pela existência de obrigação que lá não foi estipulada. Se não resguardou o fiador seus direitos, inserindo cláusula impondo a necessidade de sua anuência aos reajustes e aumentos do valor locativo, irrelevante sua não cientificação. E também não poder pretender a extinção de obrigação pelo reconhecimento de novação, transação ou moratória que não ocorreram. Recurso desprovido. (2º TACSP – Ap c/Rev 542.344-00/2 – 3ª C. – Rel. Juiz Cambrea Filho – J. 16.03.1999)
DIREITO CIVIL – LOCAÇÃO – EXONERAÇÃO DA FIANÇA – MORATÓRIA – NOVAÇÃO – RENÚNCIA EXPRESSA – 1. *Havendo renúncia expressa no contrato de locação ao disposto no CC, art. 1503, I, não há que se falar em exoneração da fiança.* 2. Recurso não provido. (STJ – RESP 230018 – (199900822269) – SP – 5ª T. – Rel. Min. Edson Vidigal – DJU 19.06.2000 – p. 184).
LOCAÇÃO. EMBARGOS À EXECUÇÃO. MORATORIA. EXTINÇÃO DA FIANÇA. A celebração de acordo no qual o locador prorroga os prazos para pagamentos dos aluguéis em atraso constitui-se em concessão de moratória, o que acarreta a exoneração da fiança. Apelo improvido. (APC nº 598465961, décima quinta câmara cível, TJRS, Relator: DES. MANOEL MARTINEZ LUCAS, julgado em 30/06/1999).

Ainda que, seja possível renunciar ao que foi estabelecido exclusivamente ao seu favor, considerando que não se tratam de disposições de ordem pública, que se impõe de modo absoluto, não podendo ser ilididas por meio de convenção entre as partes, deve-se ponderar, que toda disposição, ainda, que ampare um direito individual, atende também, embora indiretamente, ao interesse público, aliás, Carlos Maximiliano,[64] com o seu preciosismo, em obra escrita em 1924, na cidade de Santa Maria-RS, exalta no tocante à distinção entre prescrições de ordem pública e privada, que os limites entre uma e outra espécie têm algo de impreciso; "juristas guiam-se, em toda parte, menos pelas definições do que pela enumeração paulatinamente oferecida pela jurisprudência", onde na dúvida entre uma norma de ordem pública ou de ordem privada, opta-se pela última; porque esta é a regra, aquela a limitadora do direito.

Ainda não se pode afastar, da nova concepção do contrato, alargando a postura tradicional, embora a própria lei estabeleça a autonomia de vontade para legitimar o vínculo contratual, tendo a vontade como imprescindível na formação do negócio, a sua força diminuiu, em virtude da relativização da força obrigatória dos contratos, que exaltou com o Código de Defesa do Consumidor.

Não se está dizendo que o Código de Defesa do Consumidor aplica-se nas relações locatícias, pois na realidade, não é aplicável, devendo prevalecer a lei especial do inquilinato (nº 8.245/91), pelo próprio critério cronológico e de especialidade, sem contar que é controversa a configuração de fornecedor ao locador e consumidor ao locatário, posição adotada majoritariamente pela jurisprudência pátria, inclusive do STJ,[65] embora em posição minoritária, entre elas Tupinambá

---

[64] MAXIMILIANO. Carlos. *Hermenêutica e aplicação do direito*. 18. ed. Rio de Janeiro: Forense, 2000. p. 216.
[65] Recurso Especial nº 266.625-GO, Rel. Min. Edson Vidigal, DJ 16/10/2000.

Miguel Castro do Nascimento,[66] entende ser aplicável nas locações o código do consumidor.

E para auferir um equilíbrio na relação contratual, considerando que a fiança é um contrato benéfico, devendo ser interpretado restritivamente, não podendo ser tido como perpétuo, tendo a renúncia se operado antes do direito a se desobrigar pela eventual moratória, em que pesem posições em contrário, a entendemos como inválida, o que torna inoperante, possibilitando a liberação do fiador, caso se consubstancie a moratória.

5.3.4. Os efeitos

Diante de todo o exposto, evidenciando-se incontestavelmente a ocorrência da situação do art. 1.503, I, do CC, extingue-se a fiança, o que, por conseqüência, torna o fiador parte ilegítima para figurar no pólo passivo da relação jurídica processual, podendo ser argüida em contestação ou embargos à execução, onde o feito deverá ser extinto, por ilegitimidade *ad causam* passiva do fiador, sem apreciação do mérito, embora em algumas situações as questões discutidas se confundem com o conteúdo meritório.

Por conseqüência, ocorrendo o fenômeno da moratória, o fiador ficará desde já desobrigado pelas obrigações ajustadas após a concessão do prazo, não necessitando o aforamento de ação própria, como a exoneração, podendo, como dissemos anteriormente, aludir em resposta processual e ação incidental de embargos.

A razão da concessão de mora importa num modo terminativo da fiança, a menos que o fiador nisto concorde, assenta no fato de a dívida não ser mais exigível

---

[66] NASCIMENTO. Tupinambá Miguel Castro. *Comentários ao Código de Defesa do Consumidor*. 3. ed. Rio de Janeiro: Aide, 1991. p. 14. Onde o autor gaúcho foi pioneiro, destacando que o CDC por ser uma lei complementar ao texto constitucional (e o CDC complementa direitos e garantias individuais) a ela se adere. Excluindo a proteção do consumidor do mundo jurídico, é lei ineficaz visto ser ofensiva à norma constitucional (art. 5º, XXXII, CF).

no vencimento convencionado, privando, assim, o fiador de poder liberar-se de sua responsabilidade.[67]

5.4. Outras causas extintivas

Independente das causas gerais expressas na legislação civil, inclusive com seção III, da extinção da fiança, comportando os artigos 1.502, 1.503 e 1.504 do Código Civil, além das outras hipóteses enumeradas neste item, em relação ao contrato de locação de imóveis urbanos, regulados pela atual lei do inquilinato, podemos, no que se relaciona ao contrato acessório da fiança, aduzir as hipóteses mais comuns de extinção da fiança locatícia, mesmo que de forma repetitiva, mas com o intuito elucidativo, onde os casos mais comuns são os seguintes:

a) término do prazo contratual, tendo a fiança sido pactuada com determinação de tempo, ou seja, sem a cláusula de responsabilidade até a efetiva entrega das chaves do imóvel locado;

b) falecimento do locatário, sem a sub-rogação ou continuidade da locação, nos termos do art. 11 da lei do inquilinato;

c) após a morte do fiador, pois os herdeiros serão responsáveis até o advento da morte, respeitadas as forças da herança;

d) distrato da locação, com a entrega das chaves, o fiador será responsável até a devolução do imóvel;

e) caso fortuito ou força maior, onde o imóvel seja destruído por fenômenos naturais ou acidentais;

f) ajuste de novo contrato de locação entre locador e locatário, ou com terceiro, evidentemente sem a participação do fiador;

g) alienação onerosa ou gratuita do imóvel, onde o adquirente firma novo contrato de locação com o locatário, pois a simples alienação não extingue a garantia;

[67] LOPES, Miguel Maria de Serpa. *Curso de Direito Civil.* 3. ed. São Paulo: Editora Livraria Freitas Bastos. v. IV, p. 475.

O contrato de fiança e sua exoneração na locação

h) a transferência da locação, ou mudança da destinação do imóvel, com a anuência do locador, sem qualquer participação do fiador;

i) em caso de desapropriação, resultando a imissão de posse do imóvel pelo expropriante;

j) qualquer sentença judicial transitada em julgado, que estabeleça a extinção, seja por exemplo: ação de anulação, ação declaratória, ação de exoneração, embargos à execução, embargos de terceiro, ação rescisória, contestação em qualquer ação contra o fiador;

k) desocupação do locatário mediante mandado de despejo compulsório;

l) a aquisição do imóvel locado pelo próprio locatário.

A enumeração, como dito, não é exaustiva, até porque já citadas outras hipóteses genéricas que caracterizam exceções pessoais, além das formas extintivas das obrigações.

6. A ação de exoneração de fiança

Para a obtenção da liberação da fiança, o fiador ou fiadores deverão propor a competente ação judicial, visando a uma sentença que exonere como garantidor das obrigações legais e contratuais decorrentes do contrato de locação, independente do imóvel ser destinado para fins residenciais ou não-residenciais.

6.1. As condições da ação

Para o exercício da ação exonerativa se faz necessário o preenchimento dos requisitos indispensáveis para implemento do direito de ação, consubstanciado na possibilidade jurídica do pedido, interesse de agir e legitimidade para a causa.

A possibilidade jurídica do pedido nada mais é que a viabilidade do pedido formulado pelo autor, no sentido de ser amparada pelo ordenamento jurídico brasileiro, embora existam posicionamentos abalizados de que a possibilidade existe, na hipótese de a pretensão de direito material não estiver de forma expressa vedada pelo ordenamento jurídico.

Nesta ótica, na ausência de norma legal que venha vedar a pretensão substancial, existirá a possibilidade jurídica do pedido, devendo o julgador, se for o caso, utilizar as regras de integração, consoante dispõe o art. 126 do CPC, pois se as questões não estiverem na lei, não estará eximido o Juiz do implacável dever de decidir, no mesmo sentido Carreira Álvim, que entende que não se pode compreender a possibilidade jurídica na sua feição clássica, pois o art. 126 do CPC reconhece a existência de lacuna da lei, e claramente alude; "Haverá caso em que faltará a previsibilidade, em abstrato, pelo direito objetivo, da pretensão material, que deverá ser suprida pelas regras de integração das normas jurídicas, dado que não pode o Juiz eximir-se de despacho ou decisão, a pretexto de lacuna ou obscuridade da lei".[68]

Independente de figurar ou não a possibilidade jurídica do pedido, como requisito indispensável da ação, o nosso sistema processual civil enumera como elemento integrante das condições da ação, nos termos do art. 267, VI, gerando a carência de ação, e extinguindo o processo sem a apreciação do mérito.

No tocante à possibilidade do pedido de exoneração, não existe qualquer vedação legal, ao contrário, o art. 1.500 do CC, no regramento de direito material, estabelece o requisito fundamental para exercício da pretensão exoneratória, objetivando a liberação da garantia pessoal prestada através da modalidade de fiança no pacto locatício.

O interesse de agir, especificamente, se vislumbra da necessidade de buscar a via judicial para obter um pronunciamento acerca de seu direito, destacado no caso concreto, pelo instrumento posto pelo legislador de conseguir o intento de livrar-se da ameaça ou do direito violado, pois sem a tutela jurisdicional o autor sofreria um possível dano.

Por tais razões, o fiador necessita da via judicial para obter um provimento que tutele o seu direito de exoneração, pois é através da sentença prolatada que se irradiarão os efeitos liberatórios da garantia fidejussória, já que é totalmente descabida ou inócua qualquer manifestação extrajudicial, como uma notificação objetivando a liberação da fiança, em vista que, o próprio legislador propicia a exoneração por meio de ato bilate-

---

[68] CARREIRA ALVIM, J.E. *Elementos de teoria geral do processo.* 7. ed. Rio de Janeiro: Forense, 2000.

ral, com o ajuste entre locador e fiador, ou não sendo possível, o ajuizamento da ação de exoneração de fiança (art.1.500 do CC), destacando-se, exatamente a necessidade da tutela jurídica como elemento caracterizador do interesse de agir.[69]

Quanto à legitimidade para a causa, ou seja, a *legitimatio ad causam*, está vinculada a titularidade do direito de ação e deve ser devidamente observado, tanto no pólo ativo da demanda, como no passivo, evidentemente, não se confundindo com a legitimidade para o processo, que se caracteriza como pressuposto processual subjetivo, relacionado à capacidade da parte de estar em juízo.

Na realidade, as partes legítimas são aquelas pessoas físicas ou jurídicas que a própria lei reconhece a legitimação, sendo que a legitimidade do autor (ativa) para aforamento da ação de exoneração diz respeito exclusivamente ao fiador ou fiadores que integrarem o liame contratual, ou seja, apenas os fiadores, sejam solidários ou não, poderão utilizar-se da via judicial, para, atuando no pólo ativo, buscar a tutela do Estado, com a inclusão dos legitimados passivos, que obrigatoriamente são: locador e locatário, pois se trata de litisconsórcio necessário.

Mesmo a fiança como garantia prestada em favor do locador (credor), e podendo ser concedida até sem a anuência do locatário (garantido), nos moldes do nosso regramento civil, aliás, nos expressos termos dos arts. 1.481 e 1.484 do CC, embora pareça, a exoneração não será proposta apenas contra o locador, devendo figurar também no pólo passivo o locatário.

Exatamente pela existência de litisconsórcio necessário, não podem o locador e o locatário ser dispensados da demanda, pois suas presenças são obrigatórias, origi-

---

[69] Celso Agrícola Barbi, na sua obra *Comentários ao Código de Processo Civil*, analisa com a capacidade que lhe é peculiar, inclusive com posicionamentos de Chiovenda e Calamandrei, exaurindo o tema, e estabelecendo que o interesse de agir consiste em que, sem a intervenção dos órgãos jurisdicionais, o autor sofreria um dano, p. 36.

O contrato de fiança e sua exoneração na locação

nando a pluralidade das partes como demandadas, já que há litisconsórcio necessário quando, por disposição de lei ou pela natureza da relação jurídica, a eficácia da sentença dependerá do locador e do locatário como litisconsortes no processo, conforme art. 47 do CPC.

A lei não estabelece expressamente a determinação para integrarem o pólo passivo locador e locatário, mas há que se reconhecer que, pela natureza da relação jurídica, onde envolve o liame de origem contratual, a sentença irá repercutir tanto no locador como no locatário, pois o locador ficará sem garantia locatícia, podendo até exigir novo fiador ou a substituição da modalidade de garantia (art. 40, IV, Lei 8.245/91), cabendo ainda, na falta de garantia, exigir do locatário o pagamento do aluguel e encargos antecipadamente (art. 42).

Portanto, nesse diapasão, constata-se um efeito constitutivo (negativo), porque esse tipo de ação modifica o estado jurídico; o fiador não é mais garantidor, o locatário não tem fiador, e o locador não tem mais garantia, significa neste caso, a necessidade de uma decisão uniforme, onde a sentença não produzirá efeitos em relação aos que não participaram do processo, ou melhor, tendo a ação sido proposta contra o locador ou o locatário apenas, não surtirá efeitos sequer, contra o que tenha participado.[70]

O que se conclui que a sentença produzirá os efeitos de exoneração da fiança se, obrigatoriamente, em conjunto, figurarem no processo, integrando o pólo passivo, locador e locatário, pois a ausência de qualquer deles acarretará a ineficácia da sentença, não ocorrendo a liberação da garantia no contrato de locação, em favor do fiador postulante.

---

[70] Este é o ensinamento de Chiovenda "a sentença não produz efeitos em relação aos que participaram do processo, nem em relação aos que dele participaram", posição exposta por Celso Agrícola Barbi, in *Comentários ao Código de Processo Civil*, vol. 1, Forense, pág. 276, para o qual a sentença, que tenha sido proferida sem que tenha sido formado o litisconsórcio necessário, considera-se *inutiliter datur*.

É flagrante a ilegitimidade passiva para a causa, da imobiliária que intermedia ou administra a locação, pois é mera mandatária, inexistindo relação de direito material que enseje a legitimação de possibilitar pretensão do fiador contra a imobiliária.

A relação da imobiliária diz respeito a um contrato típico de mandato, que envolve o locador como mandante e aquela como mandatária, para praticar atos, ou administrar interesses, onde deverá aplicar a sua diligência habitual na execução dos poderes que lhe forem conferidos, não tendo qualquer relação com o fiador no contrato de locação. Somente existiria legitimidade passiva da Imobiliária ou administradora, se ao invés de procuradora ou intermediadora, figurasse no pacto como locadora do imóvel, em nome próprio.

6.2. A petição inicial

A ação de exoneração de fiança é viabilizada ao fiador ou fiadores, que integram o pacto acessório da fiança junto ao contrato de locação, sendo que no caso de pluralidade de fiadores, poderão em conjunto ou cada fiador isoladamente propor a ação judicial, pela obviedade, apenas os que pleitearem em juízo, obterão a liberação por decorrência do provimento judicial a ser deferido no processo.

Na ação judicial, materializada através da petição inicial, deverá ser elaborada em consonância ao disposto no art. 282 do CPC, que indicará:

I - o juiz ou tribunal, a que é dirigida;
II - os nomes, prenomes, estado civil, profissão, domicílio e residência do autor e do réu;
III - o fato e os fundamentos jurídicos do pedido;
IV - o pedido, com as suas especificações;
V - o valor da causa;

O contrato de fiança e sua exoneração na locação

VI - as provas com que o autor pretende demonstrar a verdade dos fatos alegados;

VII - o requerimento para citação do réu.

Em vista do art. 39, I, do CPC, deverá constar na inicial o endereço do advogado, onde receberá intimação, até porque, poderá ser objeto de indeferimento da petição inicial, consoante art. 295, VI, do CPC, embora pareça, que é desnecessário, quando a peça inicial contenha em papel impresso da petição, o timbre do advogado e seu endereço profissional.

No que pertine à fundamentação fática, deverá o autor expor a existência do contrato de locação, a data de ajuste, a finalidade, a explicação do prazo ajustado, que não poderá estar por prazo determinado, pois a exoneração será possível, quando a locação não tiver prazo determinado, ou o contrato estiver prorrogado automaticamente por tempo indeterminado, esclarecendo e relacionando o pacto locatício, instrumentalizado pelo contrato escrito, anunciando o valor do aluguel atual, a eventual mora do locatário, possível ação de despejo por falta de pagamento que já tramita em juízo, já que a existência de demanda despejatória não inibirá o ajuizamento da ação de exoneração.

Os fundamentos jurídicos que não se confundem com os fundamentos legais, pois no jurídico, o pedido decorre da natureza do direito material pleiteado, e o legal, é a norma em que o pedido se baseia, mas a finalidade primordial do pedido é a obtenção da prestação jurisdicional (declaração ou desconstituição, no caso da exoneração) e satisfazer por conseqüência o direito subjetivo do fiador, portanto, o fundamento jurídico advém da faculdade objetivada, no sentido de liberar-se da garantia, após o advento do termo, e o legal está expresso no art. 1.500 do Código Civil.

Importante aduzir que a petição inicial deverá ser instruída com documentos indispensáveis e necessários para a demanda, como o instrumento contratual, que é o documento cerne da questão, e se for caso, o contrato acessório de fiança, se operacionalizado em documento apartado, pois em regra, integra uma cláusula do contrato principal de locação.

Não há qualquer necessidade de notificação premonitória ou prévia do fiador, como requisito para anteceder a propositura da ação exoneratória, visto que, não há qualquer exigência legal, ainda que, tal notificação é até mesmo inoperante, pois apenas o ajuste contratual com distrato ou acordo poderá liberar o fiador, e, ainda, é claro, a ação de exoneração, através da sentença exarada no feito judicial.

O pedido a ser formulado na ação deve ser certo e determinado, conforme art. 286 do CPC, não se admitindo no caso de exoneração, pedido genérico, pois a pretensão de direito material, considerado pedido mediato, é o bem ou interesse que se quer assegurar, é o bem da vida pretendido, que nada mais é que a liberação da fiança que se obrigou pelo locatário, para com o locador, seu credor, e o pedido imediato, que se destaca na efetiva providência jurisdicional, prestada pelo Judiciário, com a sentença declaratória ou desconstitutiva, emanada do julgador.

A causa de pedir decorre dos próprios fundamentos fáticos e jurídicos, que na verdade, é a razão ou fundamento do pedido formulado pelo autor na ação judicial.

A lei de locações, no título II, tratou dos procedimentos, relacionando as ações de despejo, consignação em pagamento de aluguel e acessórios, revisionais de aluguel e renovatórias de locação, enumerando regras processuais, já que a referida lei apresenta dispositivos de ordem material e processual.

A exoneração de fiança não foi relacionada especificamente às locações, não foi nominada, o que a princípio não se aplicam as inúmeras novidades colacionadas pela lei do inquilinato, que possibilita a tramitação durante as férias forense, não se suspendendo pela superveniência delas; o foro de competência do lugar de situação do

O contrato de fiança e sua exoneração na locação **107**

imóvel, embora possibilite a eleição de foro; o valor da causa em doze vezes o aluguel mensal; a prática e comunicação dos atos processuais por telex ou fac-símile; e, os recursos apenas com efeito devolutivo, o que viabiliza a execução provisória da sentença.

Mesmo assim, devem ser feitas considerações, pois embora não se apliquem as regras processuais da lei do inquilinato, perfilhada no art. 50 e incisos, no que tange ao valor da causa, poderá ser utilizado o parâmetro de doze vezes o valor do aluguel mensal, como nas outras ações ligadas à locação.

O fiador tem na ação de exoneração o instrumento para liberação da fiança, pretensão que decorre do direito materializado no art. 1.500 do Código Civil, que na prática são denominadas como ação declaratória, aliás, na doutrina também, com fundamento no art. 4º do Código de Processo Civil, ou seja, o fiador será exonerado de sua responsabilidade, via ação declaratória.[71]

Na concepção correta, com respeito aos entendimentos em contrário, não se trata de ação declaratória, embora comumente denominada como tal, sendo que a postulação da exoneração é desconstitutiva, ou constitutiva negativa, sendo o *quid* da sentença proferida para liberação do fiador, em vista do dispositivo expresso no direito civil.

O art. 4º do CPC estabelece a possibilidade de obtenção da declaração da existência ou da inexistência de relação jurídica; ou da autenticidade ou falsidade de documento, onde o interesse de agir na presente ação decorre da necessidade concretamente demonstrada, de eliminar ou resolver a incerteza do direito ou relação jurídica, em que o exercício da ação pressupõe incerteza a ser acertada pela sentença, que advém do conflito de interesses, não do espírito do autor.

---

[71] O mestre Washington de Barros Monteiro menciona que para obtenção da exoneração, concede a lei adjetiva através da ação declaratória, decorrente do CPC, conforme se constata na sua obra *Curso de Direito Civil, Direito das Obrigações*, vol. 2, p. 395, 2ª edição, Saraiva.

O objetivo teleológico ou finalístico da ação de exoneração de fiança aforada pelo fiador é postular que se desfaça a relação jurídica oriunda do pacto acessório em contrato de locação, o que se denota a existência da fiança como garantia fidejussória, o que vislumbra a desconstituição da referida relação jurídica, não se busca mera declaração judicial.

Por efeito, é equivocada a denominação de "ação declaratória de exoneração de fiança", sendo por oportuno, em vista da natureza desconstitutiva, nominar simplesmente de ação de exoneração de fiança, posição esta, exposta também, em artigo jurídico publicado pelo Desembargador do Tribunal de Justiça do Estado de São Paulo, Dr. Joaquim Otávio Cordeiro.[72]

6.3. Valor da causa

O valor da causa poderia ser embasado no inciso V do CPC, quando o litígio tiver por objeto a existência, validade, cumprimento, modificação ou rescisão do negócio jurídico, o valor do contrato, podendo ainda ser aludido que, considerando a exoneração como ação declaratória, se classificaria como conteúdo econômico incerto, o valor não poderia ser discricionariamente estimado pelo autor, mas efetivamente, deve corresponder ao proveito econômico colimado, que corresponde à relação jurídica que se quer exonerar.

Por tais fundamentos, para a ação de exoneração, deve ser atribuído um valor correspondente ao benefício patrimonial pretendido (art. 258 do CPC), e tratando-se de liberação de aluguéis, que são prestações continuadas, o valor da causa deverá corresponder à soma de doze dos valores discutidos (art. 260 do CPC),[73] que equivale ao próprio valor da anualidade da locação,

---

[72] In Seleções Jurídicas, COAD, Advocacia Dinâmica, maio, 1986, p. 27.
[73] Nesses fundamentos, decisão STJ – REsp. 164.640-SP, 2ª Turma, Rel. Min. Hélio Mosimann, DJU 24.08.1998, p. 58.

O contrato de fiança e sua exoneração na locação

estabelecido para as outras ações nominadas (despejo, por exemplo), sendo, portanto, plausível, a atribuição de doze meses de aluguéis ao valor da causa na ação de exoneração de fiança, até mesmo por analogia ao art. 58, inciso III, da Lei 8.245/91.

6.4. Competência

A competência deve ser apreciada, quando do ajuizamento da ação de exoneração, devendo, desde logo, ser dirigida ao juiz competente, onde os órgãos de jurisdição decidirão nos limites de sua competência, pois a jurisdição é uma das funções essenciais do Estado, visando a assegurar a ordem jurídica, com a composição das lides, com a devida apreciação do Judiciário, sendo a competência a medida da jurisdição.

A lei do inquilinato determinou a competência para conhecer e julgar as referidas ações do *caput* do art. 58, o foro do lugar da situação do imóvel, salvo se outro for eleito no contrato de locação, não figurando, como já dissemos, a ação de exoneração de fiança, o que conduz à aplicação do art. 94 do CPC.

Tratando-se de ação fundada em direito pessoal, a competência, em regra, será a do domicílio do réu, sendo relativa, pois competência territorial, sendo viável que as partes elegendo o foro no contrato possam modificá-la, em virtude do "foro de eleição", que constará no contrato locatício, a convenção estipulando que as partes elegem o foro, para serem dirimidas eventuais dúvidas do pacto contratual.

Com esta postura, a competência dependerá da previsão contratual firmada para a locação, evidenciando-se que, sendo competência relativa, caso a ação seja proposta em foro diverso do ajustado, ou do domínio do locador, não havendo qualquer desconformidade, a ser suscitada por meio da exceção de incompetência, na forma do art. 114 do CPC, pois não pode o juiz apreciar de ofício a sua incompetência relativa, será prorrogada a competência, em decorrência da modificação tácita, fenômeno pelo qual um órgão jurisdicional se torna competente para apreciar o processo (o juiz incompetente se torna competente).

Portanto, a ação de exoneração atenderá ao foro de eleição fixado no contrato de locação, ou será proposta no domicílio do locador ou locatário, e tendo os mesmos, domicílios diferentes, serão demandados em qualquer deles, à escolha do fiador autor da demanda, nos exatos termos do art. 94, § 4º, do CPC.

6.5. O rito processual

O procedimento a ser adotado, em regra, será o rito ordinário, padrão do processo de conhecimento, aplicável na maioria das causas litigiosas, teoricamente mais demorado, possibilitando uma maior dilação probatória, com as fases de postulação, saneamento, instrução e decisória, com fulcro nos arts. 274 e 282 do CPC, embora não exista nenhuma vedação a utilização do rito sumário, nas causas cujo valor não exceder o valor de vinte salários mínimos (art. 275, I, do CPC).

O rito sumário, com a nova redação da Lei nº 9.245/95, além da mudança no elenco das causas enumeradas no inciso II, exigiu a formulação de quesitos e indicação de assistentes técnico na peça inicial, se a perícia for requerida pelo autor, além de audiência de conciliação no prazo de 30 (trinta) dias; na ausência de conciliação, a decisão de plano pelo juiz das questões incidentais, recebendo a contestação do réu e designando audiência de instrução e julgamento; possibilidade do réu formular, na contestação, pedido em seu favor; registro resumido na audiência (essencial); e, a impossibilidade da declaração incidental e da intervenção de terceiros, sendo possível apenas, a assistência e o recurso do terceiro prejudicado.

O contrato de fiança e sua exoneração na locação

Independente das alterações do procedimento sumário, não resultou uma contribuição para aperfeiçoamento da prestação jurisdicional, sendo praticamente abolida a utilização deste rito, que não atinge o objetivo o resultado preconizado com a redução das atividades processuais, ainda mais, com a grande quantidade de processos, acaba muitas vezes por inviabilizar a utilização do procedimento sumário, pois o juiz designará a audiência de conciliação a ser realizada em trinta dias, e o réu deverá ser citado com a antecedência mínima de 10 (dez) dias, conforme art. 277 do CPC, o que se denota praticamente impossível nos dias de hoje, aliás, o rito sumário foi inutilizado.

No que tange à utilização do Juizado Especial Cível, amparado pela Lei 9.099/95, tem competência para conciliação, processo e julgamento das causas cíveis de menor complexidade, cujas causas não excedam quarenta salários mínimos; ainda, as enumeradas pelo rito sumário (art. 275, II, do CPC), ação de despejo para uso próprio; e, ações possessórias sobre bens imóveis de valor não excedente a quarenta salários mínimos.

Conclui-se que é possível a exoneração de fiança utilizando-se o juizado especial cível, desde que o valor da causa não supere o limite previsto de quarenta salários mínimos, devendo ser aduzido que a utilização do juizado especial não é obrigatória, mas uma faculdade do autor, em optar pelo procedimento que prima pelos critérios da oralidade, simplicidade, informalidade, economia processual e celeridade.

Conforme entendimento de Alfeu Bisaque Pereira, em seu artigo jurídico, em Seleções Jurídicas, é uma faculdade de escolha por parte do autor para os pedidos autorizados pelo autor para os pedidos autorizados pela Lei nº 9.099/95, desde que limitados ao valor da causa em 40 vezes do valor do salário mínimo para todas as hipóteses, inclusive ressaltando; "Esta é a posição mais próxima da finalidade do procedimento criado. Várias razões podem ser invocadas para se concluir que é a parte-autora que dispõe da escolha pelo novo procedimento, não sendo possível determinar, de ofício, o novo rito quando este não for o desejo da parte que ingressa em juízo".[74]

Por efeito, será comum a utilização do procedimento ordinário, e sendo conveniente, por opção do fiador autor da ação exoneratória, o juizado especial cível, desde que a causa não ultrapasse quarenta salários mínimos.

6.6. Antecipação de tutela

Trata-se de uma das mais importantes inovações implementadas pela reforma processual, através da Lei 8.952/94, através do art. 273 do CPC, instituto que reprime o uso inadequado das cautelares inominadas, para com base na prova inequívoca, verossimilhança da alegação, reversibilidade do provimento, fundado receio de lesão de incerta reparação e caracterização de abuso de direito de defesa ou manifesto propósito protelatório do réu, possa o juiz antecipar total ou parcialmente, os efeitos da tutela pretendida pelo autor.

Com isso, ampliam-se os poderes do juiz, possibilitando o deferimento de liminares em procedimentos nos quais em que a lei não contemple expressamente, para evitar danos irreparáveis ou de difícil reparação, a ser deduzida em decisão interlocutória, devidamente motivada (§ 1º do art. 273 do CPC).[75]

Hodiernamente, a efetividade do processo é uma das grandes preocupações dos processualistas, principalmente, utilizando o processo judicial como efetivo

---

[74] Pereira. Alfeu Bisaque. Juizados especiais cíveis: uma escolha do autor em demandas limitadas pelo valor do pedido, ou da causa. *Seleções Jurídicas*, ADV, COAD, p. 47. mai. 1996.

[75] O art. 93, IX, da Constituição Federal, exige a motivação de todas as decisões judiciais, sob pena de nulidade, gerando a segurança jurídica das decisões, como ocorre com a própria sentença (art. 458, II, CPC), com a exteriorização das razões de convencimento, pelos fundamentos de fato e de direito que formaram a convicção do julgador.

O contrato de fiança e sua exoneração na locação

instrumento para a satisfação das pretensões de direito material da sociedade.

A tutela antecipatória é um instrumento que legitima o autor para utilizá-la, o que significa que ao juiz não é possível conceder a tutela antecipada *ex officio*, em virtude do próprio princípio do dispositivo, que monopoliza ao titular do direito a exigir do Poder Judiciário a tutela jurisdicional.

O pedido de antecipação de tutela será formulado através de petição, nos próprios autos da ação principal, sem necessidade de ser apenso, como nos casos de cautelares, devendo estar limitado aos limites do pedido principal, pois a decisão que venha a deferir, concedendo a tutela antecipatória, não poder ser além, nem fora do pedido.

Por disposição do § 5º do art. 273 do CPC, é possível a formulação do pedido de antecipação em qualquer fase do processo de conhecimento, inclusive após a sentença de mérito, em qualquer grau de jurisdição, até o trânsito em julgado do ato decisório.

A decisão de antecipação objetiva a produção antecipada dos efeitos da tutela pretendida pelo autor da demanda, provimento jurisdicional, que antecipa total ou parcialmente os efeitos da tutela, no caso, a prestação jurisdicional, que está ligada na realidade, as eficácias sentenciais, razão pelo qual alguns autores entendem que somente os efeitos fáticos podem ser antecipados, aqueles que podem alterar a realidade material, identificados como o executivo *lato sensu* e mandamental, conforme o mestre Ovídio Baptista da Silva.[76]

Nesse sentido, os efeitos declaratórios, constitutivos e condenatórios, são ligados ao plano jurídico, que são formas de atingir a esfera jurídico das partes, dependendo o conhecimento aprofundado da demanda, pela própria configuração do devido processo legal.

---

[76] SILVA. Ovídio Baptista. *Curso de processo civil*. 3. ed. Porto Alegre: Fabris, 1996. v.1, p. 91-197. A explicação consiste em que, os outros efeitos possíveis, sejam declaratórios, constitutivos ou condenatórios, são incompatíveis com a idéia de antecipações provisórias.

A doutrina tradicional estabelece cargas de eficácia as ações processuais da espécie declaratória, constitutiva e condenatória.

A declaratória visa a afastar a incerteza do plano jurídico, conferindo uma satisfatividade, onde a declaração decorre de um juízo de conhecimento, decorrente da análise exaustiva contida no processo, o que, à primeira vista, o efeito antecipatório não seria possível, porque dependeria de um conhecimento aprofundado, para viabilizar a concessão de uma certeza.

A constitutiva em tese também não poderia ser antecipada, pois se projeta no plano jurídico, com modificação, extinção ou criação de uma relação jurídica, não sendo possível, provisioriamente, com o embasamento na mera verossimilhança do direito, auferir modificação, extinção ou criação de uma relação jurídica.

O efeito ou eficácia condenatória, que é a capaz de impor uma obrigação de prestação, ou seja, prestar alguma coisa ao autor, não podendo se antecipar o efeito condenatório, já que ninguém poderá ser obrigado a uma prestação, provisoriamente, além do que, a condenação proporcionará uma sanção de ordem processual, com a própria constituição de um título executivo judicial, que propiciará um feito executivo.

Pontes de Miranda, em seu *Tratado das Ações*, com a teoria da carga da eficácia, chamada Teoria Quinária das Ações, classificava com base no efeito preponderante, conforme fosse declaratório, constitutivo, condenatório, executivo ou mandamental, onde todas as ações possuiriam todos os efeitos, em maior ou menor grau, sendo que a diferença seria exatamente a carga de eficácia preponderante, ou seja, o efeito que fosse mais forte, dentro de uma escala matemática projetada pelo mestre.[77]

---

[77] MIRANDA, Pontes de. *Comentários ao Código de Processo Civil*. Rio de Janeiro: Forense, 1977. Tomo XIII, 563p.

O contrato de fiança e sua exoneração na locação

O efeito executivo *lato sensu*, que implica uma eficácia executiva imediata, onde através do processo de cognição confere uma capacidade executória, como uma fusão de conhecer e executar, sendo prescindível o processo executório, tal como ocorre nas ações de despejo nas relações locatícias e ações de reintegração de posse, se encontram no plano fático, sendo viável a antecipação.

Tal acontece, sendo possível, também, a antecipação nas ações com efeito mandamental, que é aquela que busca uma ordem para que se faça ou se abstenha de fazer, tais como; ação de mandado de segurança e manutenção de posse.

Em decorrência desses fundamentos, seria possível o deferimento da tutela antecipatória nas ações de exoneração de fiança, onde se estampa um efeito declaratório ou constitutivo negativo? Não haveria com a concessão, antecipadamente uma tutela definitiva?

Exatamente por isso, indaga-se da possibilidade ou não da antecipação de tutela na ação de exoneração de fiança, pois o deferimento basicamente tornaria definida a liberação do fiador, mesmo sem um processo de cognição que almejasse a certeza ou a extinção de uma relação jurídica, interferindo diretamente no plano jurídico, outorgando antecipadamente uma satisfatividade plena e máxima, sem o desenvolvimento do devido processo legal, ou melhor, desde a concessão propiciaria um provimento integral.

Outro aspecto de grande relevância diz respeito, principalmente, à forma disposta no art. 1.500 do CC, que claramente evidencia que a exoneração se dá por ato amigável ou pela sentença que o exonerar, o que significa que, até a decisão definitiva do juiz, permanecerão os efeitos da garantia firmada pela fiança.

Como se poderá antecipar a tutela, liberando-se desde já o fiador autor da ação de exoneração, se o próprio legislador estabelece que a partir da sentença ficará liberado, se anteciparia qual efeito, em vista de tal dispositivo.

Aliás, Clóvis Beviláqua, em sua obra, aduz que "A fiança, ato benéfico, desinteressado, não pode ser uma túnica de Nessus", mas que para evitar essa injustiça, poderá a sentença declarar o momento em que cessaram os efeitos da fiança, evitando um acréscimo de responsabilidade do fiador.

Portanto, foi uma alternativa posta ao julgador, mas que não decorre da interpretação literal do disposto no art. 1.500 do CC, que destaca "obrigado por todos os efeitos da fiança, anteriores ao ato amigável, ou à sentença que o exonerar".

Nesse sentido, conceder antecipadamente a tutela na ação de exoneração de fiança, considerando como uma ação declaratória ou até constitutiva, se estaria conferindo uma tutela definitiva, incompatível com a idéia de antecipação provisória, além de atingir a esfera jurídica das partes, pois a antecipação estaria liberando o fiador, sem um processo de cognição, proferindo um provimento de um juízo de certeza, sem um devido processo legal.

Por efeito, a antecipação da tutela, com a exoneração desde já do fiador, proporcionaria praticamente todos os efeitos da sentença definitiva, estaria liberado, sem qualquer discussão aprofundada no que diz respeito à renúncia da garantia no contrato de locação, obrigação assegurada até a efetiva entrega do imóvel e, ainda, outras questões de relevância.

Mesmo assim, devemos aludir que todos os tipos de ações guardam, em maior ou menor intensidade algum ou alguns dos efeitos mencionados, ou seja, pode-se ter ações de natureza declaratória, constitutiva ou condenatória, que admitam a antecipação de efeitos tidos como secundários, de menor intensidade, que seriam os executivos ou mandamentais, sendo, portanto, possível a antecipação de tutela em uma ação decla-

O contrato de fiança e sua exoneração na locação

ratória ou constitutiva, como a de exoneração, de um efeito executivo ou mandamental.

Com base no aludidos fundamentos, poderíamos enunciar que na ação de exoneração de fiança, em regra, não seria possível a concessão da tutela antecipatória, no sentido de conferir um efeito liberatório, sem uma cognição aprofundada, por ser de caráter declaratório ou até constitutivo negativo (desconstitutivo), até em razão da forma exposta pelo legislador no art. 1.500 do CC.

Mas seria perfeitamente possível conferir efeitos secundários, como mandamental, no sentido de conceder o deferimento de medida, que determine o cancelamento ou inviabilize o registro do nome do fiador em órgãos de proteção ao crédito (SPC, Serasa, Cadim, por exemplo), até o julgamento definitivo.

Em outras circunstâncias, seria prudente a tutela antecipatória, nas hipóteses de evidente moratória do locador em favor do locatário, causando um flagrante prejuízo ao fiador ou até mesmo a novação, pois em tais situações, a ação de exoneração não se efetivaria em virtude da garantia sem limitação de tempo ou decurso de prazo de vigência do contrato de locação, mas de hipóteses que desobrigam o fiador, como expressamente estipula o art. 1.503 do CC.

Destaca-se a importância do tema, onde a tutela antecipada exige o preenchimento e a satisfação dos pressupostos legais descritos no art. 273 do CPC, dentre os requisitos considerados genéricos; a prova inequívoca e verossimilhança da alegação, onde para Barbosa Moreira, a prova inequívoca é aquela "que, embora não necessariamente cabal, não deixe, absolutamente, nenhuma possibilidade de reconstrução de fatos, mas uma prova isenta de ambigüidade, em si mesma clara, dotada de sentido unívoco".[78]

A prova inequívoca consiste em elementos materiais, no sentido de embasar a pretensão do autor, como

---

[78] MOREIRA, José Carlos Barbosa. Efetividade do processo e técnica processual. *Revista Ajuris*, v. 64, 1995.

documentos, testemunhas, confissão, inspeção judicial e outros meios de ordem objetiva, que não precisa ser comparada a certeza, pois assim, seria caso até de julgamento antecipado do feito, nos moldes do art. 330 do CPC, mas sim, elemento que interfira no julgador, como possibilidade real.

A verossimilhança é uma probabilidade, aparência de verdade, que resulta da própria materialidade da prova inequívoca, que seja perceptível ao julgador, adiantar a pretensão ao autor postulado na ação de cognição judicial, não sendo unicamente assegurar futura pretensão a ser obtida em ação de conhecimento, como ocorre nas cautelares.

Na postulação do fiador, caso pretenda a antecipação, em que pesem os argumentos em contrário, deverá atender também, a enumeração do fundado receio de dano ou de difícil reparação ou de forma alternativa, a caracterização do abuso de direito de defesa ou o manifesto propósito protelatório do réu.

Nesta última hipótese, poderá acontecer que o locador, na ação de exoneração, em que figura como réu, poderá utilizar artifícios, com objetivos meramente procrastinatórios, pois diante da forma exposta no art. 1.500 do CC, em que a liberação se dará a partir do advento da sentença a ser prolatada, ensejará a retardar a ultimação do processo, exatamente para sujeitar o fiador às conseqüências nefastas da mora do locatário, aumentando de forma significativa o débito decorrente da relação locatícia.

Nestas circunstâncias, independente da norma legal, o juiz concederia a antecipação da tutela, minorando o ônus do fiador, cessando os efeitos da garantia fidejussória, em atenção ao próprio princípio da igualdade, em face da delonga processual imposta pela conduta maliciosa do locador, ou até locatário, que também deverá integrar o pólo passivo, como vimos, pois se trata de litisconsórcio necessário.

O contrato de fiança e sua exoneração na locação

É evidente que tal deferimento será oportunizado após a participação ou resposta do réu, onde será constatada a conduta ou comportamento que constitua obstáculo ao desenvolvimento regular do processo.

Mesmo que configurado o abuso de direito de defesa ou manifesto propósito protelatório, não afastará a possibilidade da condenação por litigância de má-fé, previstas no art. 17 do CPC,[79] constituindo uma penalidade totalmente independente, que poderá resultar de condutas que se caracterizam por retenção prolongada dos autos em carga pelo procurador do locador ou locatário, ou ainda, provocar incidentes sem atender as intimações judiciais, por exemplo.

Ainda, existe o perigo da irreversibilidade do provimento antecipado, aspecto de grande controvérsia no meio jurídico, tendo Luiz Guilherme Marinoni[80] entendido que o perigo corresponderia à proibição de antecipar-se declaração ou constituição, que correspondem a provimentos que dependem de um juízo de cognição exauriente para poderem ser concedidos, o que se poderia incluir a própria exoneração de fiança.

Na verdade, não é o provimento que é irreversível, mas o ato jurisdicional, através da decisão interlocutória que concede os efeitos da tutela antecipatória, que é reversível, pois pode ser modificada ou revogada a qualquer momento, conforme § 4º do art. 273 do CPC.

Finalmente, cabe ao julgador na decisão interlocutória[81] que venha a conceder ou denegar o pedido de

---

[79] Art. 17. Reputa-se litigante de má-fé aquele que: I - deduzir pretensão ou defesa contra texto expresso de lei ou fato incontroverso; II - alterar a verdade dos fatos; III - usar do processo para conseguir objetivo ilegal; IV - opuser resistência injustificada ao andamento do processo; V - proceder de modo temerário em qualquer incidente ou ato do processo; VI - provocar incidentes manifestamente infundados.

[80] MARINONI, Luiz Guilherme. A antecipação da tutela na reforma do processo civil. *Revista dos Tribunais*, São Paulo, p. 13–115, 1995.

[81] A decisão deverá ser motivada, até por postulado de ordem constitucional (§ 1º do art. 273 e art. 93, IX, da CF), conferindo segurança e confiança jurídica à atividade judiciária, não tratando-se de poder discricionário do juiz, com base na conveniência ou oportunidade, mas em atendimento aos pressupostos legais, postulado pela parte autora com base num direito subjetivo. Tra-

antecipação de tutela, usar de prudência, analisando cada situação fática, valorando os posicionamentos doutrinários e jurisprudenciais acerca da viabilidade ou não nas ações de exoneração de fiança, por tal razão, deverá ser analisado o contrato de locação ajustado, a renúncia ao direito de exonerar-se, a forma ajustada, a existência de fenômenos que tenham causado ou venham a onerar o fiador, que será compreendido diante da realidade fática e jurídica de cada processo, resultando um provimento de valor, através da segurança e relevância jurídica para prevalecer o interesse do fiador ou locador/locatário.

6.7. A sentença de exoneração da fiança

No transcurso do processo, relativamente à ação de exoneração, tendo sido preenchidos os requisitos para o exercício da ação, pressupostos processuais subjetivos e objetivos, ensejando um pronunciamento de mérito, será através de uma sentença de mérito, posto termo à relação jurídica processual, com a apreciação do direito material posto em juízo.

A sentença definitiva que decidir a relação de direito substancial, compondo a lide, poderá acolher ou rejeitar o pedido formulado pelo fiador.

A sentença como regra traduz uma declaração de um direito, solucionando a lide, e de modo geral, pode-se dizer que toda sentença tem efeito declaratório, e como aduz Moacyr Amaral dos Santos, existem sentenças que se esgotam com a simples declaração; outras, entretanto, à declaração acrescenta alguma coisa, pela qual se distinguem.[82]

tando-se de decisão interlocutória, a desconformidade com o deferimento ou indeferimento, será através do agravo de instrumento, ao qual o relator poderá dar efeito suspensivo, impedindo, no caso, a efetivação da medida pleiteada antecipadamente, até o julgamento do recurso. (art. 522, arts. 524/529 e 527, III, ambos do CPC).

[82] SANTOS. Moacyr Amaral dos. *Comentários ao Código de Processo Civil*. 3. ed. Rio de Janeiro: Forense, 1982. v. IV, p. 399.

O contrato de fiança e sua exoneração na locação

As sentenças são classificadas em meramente declaratórias, condenatórias e constitutivas, de acordo com os seus efeitos, conforme a doutrina tradicional.

O efeito declaratório da sentença corresponde à declaração de certeza da existência ou inexistência de uma relação jurídica ou da autenticidade ou falsidade de documento, sendo que o efeito retroage à data em que se formou a relação jurídica ou em que se verificou a situação a ser objeto de declaração, é, pois, *ex tunc*.

A sentença de improcedência declara a inexistência da relação jurídica, embasada na pretensão de direito material do autor, sendo as decisões que julgam improcedentes, sempre declaratórias.

A sentença com efeito condenatório, embora contenha uma declaração de certeza, apresenta muito mais, uma condenação de uma obrigação (dar, fazer ou não fazer), ou seja, condena a uma prestação, com efeito retroativo, geralmente a data em que o devedor foi devidamente constituído em mora.

O efeito constitutivo da sentença visa a criar, modificar ou extinguir uma relação jurídica, que também possui uma carga declarativa de certeza da situação jurídica objeto da apreciação. Como regra, estas sentenças têm efeito *ex nunc, desde agora*, para o futuro, produzindo os efeitos a partir do trânsito em julgado da sentença.

Poderá ocorrer que a sentença constitutiva tenha efeito retroativo *ex tunc*, como no caso das sentenças que anulam o ato jurídico, por erro, dolo, coação, simulação e fraude contra credores (art. 147, II, do CC).

Extremamente importante, pelos próprios efeitos que decorrem da sentença que julgar procedente o pedido de exoneração de fiança, é no tocante a sua classificação, divergindo a doutrina e a jurisprudência, em que momento o fiador ficará liberado da responsabilidade da fiança, com o ajuizamento da ação, citação dos réus ou a partir da sentença transitada em julgado, vislumbrando a necessidade imperiosa e necessária, em classificar: declaratória ou constitutiva?

No sentido de sentença declaratória, o efeito que se opera é o *ex tunc*, devendo retroagir a data da citação do afiançado (locatário), pois a exoneração do fiador é de caráter eminentemente declaratório.[83]

A fórmula adotada pelo legislador tem sido objeto de críticas, no sentido de censurar a posição, até a sentença definitiva do juiz, durarão os efeitos da fiança, "não é justo", alude Clóvis Beviláqua, se o juiz reconhece que o fiador tinha o direito de exonerar-se da fiança, não devia o Código Civil sujeitá-lo às conseqüências do capricho do credor, mencionando: "Desde o momento em que tivesse sido notificado da resolução do fiador de eximir-se dos ônus da fiança, deviam cessar os efeitos de tempo indeterminado. Para evitar essa injustiça, poderá a sentença declarar o momento em que cessam os efeitos da fiança".[84]

Nesse mesmo sentido, pela flexibilidade de acordo com cada situação em concreto, onde a sentença poderá determinar o momento da exoneração do fiador, temos: João Franzen de Lima,[85] e Celso Alves de Campos[86] onde se afastando da literalidade do texto legal, em estudo doutrinário, mencionou: "é o que melhor se coaduna com a natureza do direito de denúncia, que em regra geral se exerce por simples declaração unilateral de vontade. Assim, deve ser entendido como momento em que cessam os efeitos da fiança aquele em que houve a citação do credor ou aquele em que este foi notificado, se notificação anterior houver. A declaração judicial que a lei exige é um *plus*, que não descarateriza o direito de denúncia."

---

[83] Apelação Cível 598256295, Décima Sexta Câmara Cível do Tribunal de Justiça do RS, Rel, Desa. Helena Cunha Vieira, em 30/09/1998.
[84] BEVILÁQUA, Clóvis. *Código Civil*. Rio de Janeiro: Ed. Rio, 1958. v. IV, p.633, em comentários ao art. 1.500 do Código Civil Brasileiro.
[85] LIMA. João Franzen. *Curso de Direito Civil Brasileiro: dos contratos*. Rio de Janeiro: Forense, 1961. v. III, tomo III.
[86] Revista Ajuris (Associação dos Juízes do Rio Grande do Sul), v. 9, p. 98.

O contrato de fiança e sua exoneração na locação

Não concordamos veementemente com tal entendimento, bastando analisar o art. 1.500 do CC; que menciona que "O fiador poderá exonerar-se da fiança, que tiver assinado sem limitação de tempo, sempre que lhe convier, ficando porém, obrigado por todos os efeitos da fiança, anteriores ao ato amigável, ou à sentença que o exonerar", vejamos; "à sentença que o exonerar".

Ainda, no que consiste a notificação judicial ou extrajudicial, ou até denúncia do fiador para alforriar-se da fiança, é totalmente inócua e insubsistente, não tendo o condão liberatório, medida utilizada no plano prático, em que o fiador comunica formalmente o locador ou/e locatário, que não pretende permanecer na garantia prestada, estando liberado ou exonerado a contar do ato notificatório.

Tal postura não ensejará a liberação da fiança locatícia, pois no direito substancial, preleciona a possibilidade através de ato amigável, para isentar da responsabilidade assumida no contrato de locação, ou via judicial, após a sentença judicial, aliás, como de nenhuma validade o ato exoneratório oriundo de ajuste verbal.

O dispositivo é claro, somente a partir da sentença prolatada é que o fiador ficará exonerado da obrigação oriunda da fiança, durante os efeitos da garantia fidejussória, até a decisão definitiva prolatada pelo juiz, e para alguns, até o trânsito em julgado da decisão monocrática.

Portanto, na exoneração de fiança decretada judicialmente, o legislador determinou como momento consumativo a sentença, e segundo entendimento de Arnaldo Marmitt,[87] alude como marco a sentença, não a sentença transitada em julgado, vejamos: "Não escolheu a data do trânsito em julgado da decisão, nem a da concretização do ato citatório, como poderia tê-lo feito. Segundo princípio de hermenêutica, onde a lei não distingue, ao intérprete não é lícito fazê-lo. O termo

---

[87] MARMITT. Arnaldo. *Fiança civil e comercial.* Rio de Janeiro: Ed. Aide, 1989, p. 231.

exoneração é, portanto, o da prolação da sentença respectiva, e não o da sua exeqüibilidade, que ela passa a ter a partir do instante em que se definitivou, ou seja, do trânsito em julgado."

A sentença de exoneração é constitutiva, aliás, constitutiva negativa, onde a liberação do fiador dá-se *ex nunc*, ficando obrigado por todos os efeitos da fiança anteriores ao acordo de extinção ou à sentença exoneratória.

Ao contrário do que entendem alguns, a exoneratória é fundamentalmente demanda constitutiva negativa, embora formalmente, se procedente "declare" o fiador exonerado da obrigação, e conforme Caio Mário, "o termo inicial da liberação, porém, não é a propositura da demanda, ou, como querem outros, a data da citação".[88]

A Jurisprudência majoritária não é diferente, conforme posição do STJ: "Recurso Especial. Fiança. O fiador poderá eximir-se da fiança que tiver assinado sem limitação de tempo sempre que lhe convier, ficando porém, obrigado por todos os efeitos da fiança anteriores ao ato amigável ou a sentença que o exonerar".[89]

Portanto, o fiador responderá por todos os efeitos da fiança anteriores à sentença que o exonerar, onde a natureza é constitutiva negativa (desconstitutiva), operando efeito *ex nunc*, após o trânsito em julgado da decisão.

6.8. Da assistência

Na ação desconstitutiva de exoneração de fiança, originada na contratação de locação urbana, poderá

---

[88] PEREIRA, Caio Mario Silva. *Instituições de direito civil*. 3. ed. Rio de Janeiro: Forense. v. III, p.465. Nesse sentido também SLAIB FILHO, Nagib. *Comentários à nova lei do inquilinato*. 9. ed. Rio de Janeiro: Forense, 1997. p. 260, e, Orlando Gomes (Contratos, Forense, 5ª ed. p. 532).

[89] STJ, REsp nº 0040653, 6ª Turma, Rel. Min. Luiz Vicente Cernicchiaro, julgado em 14/12/1993. Ainda, nesse sentido; extinto Tribunal de Alçada do RS, apelação 192034411, 3ª CC, Rel. Arnaldo Rizzardo, em 18/03/1992; e, Tribunal de Justiça do RS, décima quinta câmara cível, apelação nº 70000932616, rel. Des. Otávio Augusto de Freitas Barcellos.

ocorrer a intervenção por meio da assistência, pela mulher do fiador, por exemplo, caso a ação tenha sido aforada apenas pelo fiador, e não tenha a mulher integrado o pólo ativo para a demanda, sendo plenamente possível intervir no processo como assistente, na forma dos arts. 50 e seguintes do Código de Processo Civil.

Na realidade, tendo figurado na contratação da garantia locatícia, como fiadora ou como anuente, entendemos ser caso de litisconsórcio necessário, devendo obrigatoriamente participar como parte no ajuizamento da ação, mas sendo mais evidente, quando não tenha consentido na pactuação da fiança, e nesse sentido, poderá atuar como se fosse litisconsorte, caracterizando uma assistência litisconsorcial ou qualificada, já que o direito também lhe pertence, no sentido da validade da fiança, além do que a sentença vai influir diretamente, pois existe relação jurídica onde o direito em debate é também do assistente.

6.9. Substituição processual

O fiador independente da faculdade estampada no regramento de direito material, para alforriar-se da fiança prestada como pacto acessório em contrato de locação, poderá, em caso de demora por parte do locador na execução iniciada contra o locatário, como devedor, promover o andamento do feito executivo, colocando-se como substituto processual, pela legitimação extraordinária ativa, faculdade que oportuniza impulsionar o processo de execução aforado, mas que por interesses escusos ou negligência, o locador exeqüente não confere o devido andamento.

O art. 1.498 de forma expressa exaure a referida possibilidade jurídica, também consubstanciada no art. 41 do CPC, pois a substituição no curso do processo é permitida nos casos expressos em lei, onde o fiador, para evitar que o débito aumente, venha a intervir do processo, substituindo o locador, no caso credor e exeqüente, agilize o andamento, com atitudes processuais motivadas, objetivadas até na solicitação de constrição de bens passíveis de penhora do locatário devedor, quando for o caso, e, evidentemente, caso não integre também o fiador, o pólo passivo da demanda executiva.

7. Outras ações pertinentes ao fiador

Da relação jurídica que envolve o fiador, perante o contrato de locação, nasce a possibilidade de serem intentada outras ações, independente da ação de exoneração de fiança, que poderá ser instrumentalizada, na busca da tutela jurisdicional, de acordo com a pretensão objetivada pelo fiador, em volta da garantia prestada junto ao pacto de locação.

É em face do inadimplemento do locatário que surge a necessidade do fiador, em amenizar a sua situação, na demora do locador de cobrança ou despejo do locatário, em que pelo decurso do tempo se avolumam os aluguéis e encargos, por meses e meses, aumentando significativamente a dívida oriunda da relação locatícia.

Exatamente a demora ou omissão do locador é que propicia ao fiador tomar atitude legal, sem considerar se o locador propositadamente deixa correr os aluguéis, em decorrência da segurança efetiva prestada pelo fiador idôneo economicamente.

Não é a pretensão de se esgotar as ações judiciais passíveis de serem utilizadas pelo fiador, para a obtenção da tutela jurisdicional, mas efetivamente, indicar as medidas que têm maior repercussão e alcançam um caráter satisfativo, com efeito de solucionar o problema que atormenta os garantidores, no caso, o fiador na relação locatícia.

7.1. Ação cominatória

O direito processual civil, no CPC de 1939, oportunizava a ação cominatória, também conhecida como ação de preceito cominatório ou embargos à primeira, no sentido de ensejar o cumprimento da obrigação convencionada, ou imposição legal, no sentido de prestar algum fato ou abster-se de algum ato, consoante dispunha o art. 302 do CPC/39, onde no inciso I, competia ao fiador, para exigir que o afiançado satisfizesse a obrigação ou exonerasse da fiança, e no inciso II, ao fiador, para o credor acionar o devedor.

Embora o estatuto processual civil, de 1973, não tenha rotulado a ação cominatória, ela é ainda plenamente possível, até porque o art. 287 do CPC possibilita o pedido formulado na petição inicial, da cominação de pena pecuniária para o caso de descumprimento da sentença, quando tenha o autor pleiteado a condenação do réu a abster-se da prática de algum ato, a tolerar alguma atividade ou a prestar fato que não possa ser realizado por terceiro.

A presente ação cominatória continua a existir no nosso direito brasileiro, mesmo com a supressão no elenco dos procedimentos especiais, a exemplo da ação de imissão de posse, até porque, para existir a ação não precisa estar nominada na lei processual civil, tal qual, como ocorre com a própria ação reivindicatória.

A ação com preceito cominatório é possível quando a pretensão de direito material decorre da lei ou convenção, visando a compelir outrem a fazer ou deixar de fazer alguma coisa.

Especificamente ao fiador, a ação cominatória, seria possível "ao fiador, para exigir que o afiançado satisfaça a obrigação ou exonere da fiança" (inc. II, art. 302).

A referida ação está respaldada em direito material, no art. 1.499 do CC, ao dispor: "O fiador, ainda antes de haver pago, pode exigir que o devedor satisfaça a obrigação ou o exonere da fiança, desde que a dívida se torne exigível, ou tenha decorrido o prazo dentro do qual o devedor se obrigou a desonerá-lo".

Esta ação é do fiador contra o devedor, devendo o débito ser exigível e vencido o prazo que se obrigou o devedor em desonerar o fiador da obrigação.

Em relação à locação, merece a atenção a hipótese em que o fiador tenha assumido a obrigação como principal pagador e devedor solidário, tendo renunciado ao benefício de ordem, que, aliás, é norma de caráter dispositivo, inserida no art. 1.492 do CC.

Nessa situação, devem ser analisados os termos do contrato ajustado, inclusive se o fiador prestou a garantia sem a anuência do devedor, o que nos parece incabível a ação de preceito cominatório.

Mas em caso de cláusula expressa, que abrigue a regra substanciada no disposto no art. 1.499 do CC, no plano processual, não há impedimento do ajuizamento de cominatória, ou ação com pedido cominatório.

No tocante ao fiador, para que o credor acione o devedor, inciso II do art. 302 do CPC/39, a pretensão é estritamente processual, pois o Código Civil não assegurou esse direito ao fiador, o que não impede a propositura de tal ação do fiador contra o locador, no sentido de compelir o locador a cobrar ou propor ação de despejo por falta de pagamento, para desalijar o locatário do imóvel locado, sendo uma pretensão, no sentido de evitar um aumento do débito locatício, fazendo que o locador tenha que agir, ou seja provocado para acionar, minorando os prejuízos do fiador.

Parece-nos, que a referida ação seria oportuna, quando o contrato de locação estivesse em plena vigência, por tempo determinado, e diante da mora do locatário, que se avolumasse, pelo vencimento dos alugueres e encargos, propiciasse ao fiador a ação cominatória, para o locador despejar o locatário, evitando um prejuízo maior, já que descabida a exoneração como forma liberatória.

O contrato de fiança e sua exoneração na locação

Diferente seria, se o contrato estivesse por prazo indeterminado, ou seja, sem tempo certo de vigência, face à prorrogação automática, onde o remédio jurídico mais salutar seria diretamente a exoneração de fiança, pois a pretensão de direito material seria o afastamento total da obrigação perante o locador.

O problema seria também, se o fiador principal pagador e solidário com o locatário, com a renúncia expressa ao benefício de ordem estampada no art. 1.492 do CC, firmada no contrato de locação ou em termo acessório, estaria ou não privado da ação cominatória.

A questão não é pacífica, mas diante da posição de devedor solidário e principal pagador, seria plausível, a ação de preceito cominatório, para ajuizamento de ação de despejo, como ação para evacuar o imóvel, despachar o locatário, mas não no intuito de cobrança, seja como processo de conhecimento ou execução por quantia certa contra devedor solvente, baseado no título executivo extrajudicial (contrato de locação, art. 585, IV, do CPC), pois nesta hipótese, sendo devedor solidário, caberia ao locador a escolha para exigência do seu crédito, até mesmo conjuntamente, onde estariam no pólo passivo locatário e fiador.

Analisando em termos amplos, o mestre Pontes de Miranda[90] entende que o fiador como principal pagador, devedor solidário, e que tenha renunciado ao benefício de ordem, estaria excluído da legitimação ativa, no caso, do art. 302, II, do Código de Processo Civil, em referência ao de 1939.

7.2. Ação de despejo

A ação de despejo objetiva a satisfazer a pretensão com o objetivo de reaver o imóvel locado, seja qual for o seu fundamento, conforme dispõe o art. 5º da Lei nº

---

[90] MIRANDA, Pontes de. *Tratado de Direito Privado*. 2. ed. Rio de Janeiro: Borsoi, 1963. Tomo XLIV, p. 205.

8.245/91, no sentido de restituir o imóvel a quem de direito, dependendo do fundamento, que poderá ser pelo decurso do prazo contratual, denúncia, retomada e até rescisão, nas hipóteses elencadas pelo legislador na lei do inquilinato.

O locador é quem tem legitimidade para figurar no pólo ativo da demanda despejatória, o que se vislumbra pelos dispositivos expressos na lei, como o art. 5º, art. 66, não sendo necessário que seja proprietário do imóvel, poderá ser o usufrutuário, mandatário e até o possuidor.

A prova da propriedade do imóvel ou do compromisso de compra e venda registrado será necessária nas hipóteses do art. 9º, IV, ou seja, para obras urgentes determinadas pelo poder público, que não podem ser executadas com a permanência do locatário, ou sendo possível, não concorde; com fundamento no art. 47, IV, no caso para demolição e edificação licenciada ou para realização de obras aprovadas pelo poder público, que aumentem a área construída em no mínimo 20%, ou se o imóvel for destinado para hotel ou pensão em 50%; e, de acordo com o art. 53, II, para demolição, edificação licenciada ou reforma, no mínimo de 50%, nos casos de estabelecimento de saúde, ensino e similares.

A lei, no art. 47, III, também exige que o retomante seja proprietário, promissário comprador ou cessionário, em caráter irrevogável, com imissão na posse do imóvel e título registrado junto à matrícula do imóvel, para reaver o bem, para uso próprio, de seu cônjuge ou companheiro, ou para uso residencial de ascendente ou descendente.

A discussão se origina, se o fiador teria legitimidade para propor ação de despejo, diante da inércia do locador, que mesmo em virtude do inadimplemento do locatário, por vários meses, se mantém inerte, omisso, fazendo com que o débito aumente consideravelmente.

O amparo legal, segundo alguns, resultaria do art. 5º, inciso XXXV, da Constituição Federal, de que "a lei não excluirá da apreciação do Poder Judiciário lesão ou

O contrato de fiança e sua exoneração na locação

ameaça a direito", além do que o processo é instrumento destinado à realização da justiça.

Em artigo jurídico, Alessandro S. Segalla[91] defende que ao fiador deve ser outorgada legitimidade ativa extraordinária e subsidiária para o ajuizamento de ação de despejo por falta de pagamento se o locador não ajuizar no prazo de até 30 (trinta) dias, inclusive conclui que "sendo criativa a atividade do intérprete do direito, com vistas a alcançar resultados justos e socialmente úteis, essas são as considerações que nos permitem defender a outorga de legitimação ativa extraordinária a permitir a propositura da ação de despejo por falta de pagamento ante a demora desleal da cobrança da dívida pelo locador".

Não concordamos com tal posição, pois a lei do inquilinato legitima para figurar no pólo ativo da ação despejatória, o locador ou proprietário do imóvel locado, dependendo da hipótese legal, não existindo qualquer regramento de direito material ou processual, que viabilize o fiador de intentar a ação de despejo.

Não justifica o fundamento da legitimação extraordinária do fiador, para prestigiar a sua tutela jurisdicional, sendo demasiadamente criativa e inconcebível, pois a lei do inquilinato, como vimos, em nenhuma hipótese proporciona, ainda que a legitimidade extraordinária ou substituição processual, somente é possível quando a lei autorizar, consoante dispõe o art. 6º do CPC: "Ninguém poderá pleitear, em nome próprio, direito alheio, salvo quando autorizado por lei".

Mesmo em caso de deslealdade do locador, que demora no aforamento da ação de despejo, não ensejará a oportunidade ao fiador, que deverá se utilizar de outros remédios jurídicos, como ação de exoneração, cominatória, e até, se for o caso, em defesa ou ação incidental de embargos.

---

[91] SEGALLA, Alessandro Schirrmeister. Da possibilidade de utilização da ação de despejo pelo fiador do contrato de locação. *Revista Jurídica*, n.279, p. 22-41, Jan/2001.

Ainda poderá o fiador promover o andamento de processo de execução, quando o locador, sem justa causa, demorar a execução iniciada com o locatário, conforme interpretação do disposto no art. 1.498 do CC, frise-se, desde que iniciada a execução pelo locador (credor).

7.3. A execução ou cobrança

O fiador que pagar a dívida integralmente ficará sub-rogado nos direitos do locador, caracterizando o instituto da sub-rogação, que tem o fim recuperatório, sendo que as ações que tem o fiador são as mesmas que tinha o locador.

Com a sub-rogação, que na hipótese do fiador é pessoal, resulta a substituição, nos direitos creditórios do fiador que solveu a obrigação do locatário, por meio do pagamento efetuado ao locador. Caracteriza-se, ainda, como uma forma legal, pois é conferida a titularidade dos direitos do credor, que se incorpora no seu patrimônio, em virtude de ter resgatado o crédito, que se opera independentemente da vontade dos interessados, e até se for o caso, contra a vontade do devedor e credor, respectivamente, locatário e locador.

Caso o fiador efetue o pagamento dos aluguéis e encargos com base no contrato de locação, que é considerado título executivo extrajudicial, poderá utilizar a execução por quantia certa contra devedor solvente, embasado no art. 585, IV, do CPC.

Em caso de efetuar o pagamento de reparos ou consertos do imóvel, mesmo que convencionada em cláusula contratual, não viabiliza a execução, pois para ressarcimento de dano causado em prédio urbano, é previsto em processo de conhecimento, com rito sumário, nos termos do art. 275, II, "c", do CPC, ainda que, apenas o crédito decorrente do aluguel, constitui título executivo.

O contrato de fiança e sua exoneração na locação

Assim sendo, o fiador, efetivando o pagamento dos danos ocasionados pelo locatário no imóvel, operar-se-á a sub-rogação, podendo propor ação de cobrança para ressarcir-se dos valores pagos a título de ressarcimento contra o locatário, com exceção, de ocorrer em ação própria, sentença condenatória contra o fiador, em processo de cognição, quando resultará título executivo judicial.

O amparo legal, da possibilidade jurídica do fiador propor as ações em vista da sub-rogação, vem dos arts. 1.495 e 985, II, do Código Civil Brasileiro.

O fiador tem direito de reembolso dos outros co-fiadores, quando houver mais de um fiador, para haver as quotas de cada um, caso pague integralmente o débito.

No tocante à execução do afiançado, por disposição do art. 595 do CPC, parágrafo único, o fiador, pagando a dívida, poderá executar o afiançado nos autos do mesmo processo executivo, sendo a regra de evidente instrumentalidade e economia processual, em face à sua praticidade, oportunizando uma real facilidade ao fiador de demandar o locatário-afiançado nos próprios autos, com direito regressivo, independente de ação autônoma, faculdade que resulta da sub-rogação legal do garantidor.

É verdade que o art. 595, *caput*, possibilita ao fiador executado nomear à penhora bens livres e desembargados do devedor, inclusive, de que os bens do fiador ficarão sujeitos à execução, caso os do devedor forem insuficientes para satisfazer o credor.

No contexto da relação de locação de imóveis urbanos, como visto, o fiador assume a obrigação como devedor solidário e principal pagador, não sendo possível a aplicação do mencionado dispositivo legal, pois o texto não se aplica ao fiador extrajudicial, quando principal pagador (art. 1.492 do CC), mas apenas ao fiador como garante subsidiário, já que o fiador como principal pagador ou devedor solidário, não pode invocar o benefício de ordem.

Questão de suma importância reveste-se na hipótese de sub-rogação do fiador, que tenha saldado a dívida, em ação regressiva contra o locatário afiançado, e como se sabe, por exceção, introduzida pelo art. 82, da Lei nº 8.245/91 (lei do inquilinato), acresceu ao art. 3º da Lei nº 8.009/90 (bem de família), o inciso VII, "por obrigação decorrente de fiança concedida em contrato de locação", o bem do fiador pode ser penhorado, não atingindo o dispositivo, o bem do locatário, que permanece impenhorável.

Diante dessa circunstância, pela lei de impenhorabilidade do bem de família, o imóvel residencial próprio do fiador é penhorável, e do locatário, impenhorável, o que denota uma desproporcionalidade, onde o fiador, saldando o débito, para não perder o seu imóvel, não poderia, em ação regressiva, através da execução forçada obter como garantia o imóvel do inquilino.[92]

Tal concepção nos parece absurda, contrariando o princípio constitucional da igualdade, onde alguém como fiador poderá ser despojado de seu bem considerado de família, pelo inadimplemento do locatário, que sob os auspícios protetivos da lei, ficaria ileso, não propiciando sequer, a ação regressiva para o fiador recompor o seu patrimônio.

Mas, felizmente, a jurisprudência, que costuma andar na frente do direito legislado, acompanhando o dinamismo do direito, pois não é uma ciência exata ou estática, e por razões múltiplas o legislador não consegue abranger todas as hipóteses, inclusive em conformidade aos postulados constitucionais, mais os julgados, vêm se portando, no sentido de conferir ao fiador, que tenha resgatado o débito, em ação contra o locatário, face à sub-rogação, a possibilidade de penhorar o seu bem imóvel, mesmo considerado como de família, diante

---

[92] A exceção, pela qual o bem imóvel pode ser objeto de penhora, atingindo o fiador, e não o locatário, decisões contidas na RT700/123 e 725/314).

O contrato de fiança e sua exoneração na locação

da fórmula protetiva (até excessiva, mas concebida para garantir a dignidade e funcionalidade do lar, podendo ser considerada a lei do calote) da Lei nº 8.009/90.

Esta a postura adotada em acórdão da 13ª Câmara Cível do Tribunal de Justiça do Rio de Janeiro, na lavra do relator Desembargador Azevedo Pinto, recentemente, com publicação em 03/05/2001, no agravo de instrumento nº 12.277/00:

> "Revestindo-se a fiança em contrato de locação de natureza jurídica própria, tendo o legislador, no caso específico de que cuida o inciso VII, do artigo 82, da Lei 8.245/91, concedido benefício equivalente ao direito real de hipoteca, perfeitamente possível ao credor exeqüente, requerer recaia a penhora sobre bem imóvel dos fiadores, em nada afastando tal pedido o princípio constitucional da igualdade. É que o fiador, neste caso, sub-rogando-se no crédito, pode, em ação regressiva contra o locatário afiançado, penhorar bem imóvel da família".[93]

Sobre o tema, Alvaro Villaça Azevedo, em relação ao mencionado inciso VII, explica que o legislador concedeu um benefício que se equivale ao direito real de hipoteca, quando o imóvel é objeto de garantia na locação, e claramente afirma: "desse modo, não seria lógico e nem jurídico, que por força de contrato real de penhor ou de hipoteca, o bem objeto dessa contratação pudesse ser libertado do ônus, por lei, em quebra do direito adquirido do contratante credor da garantia, e do ato jurídico perfeito".[94]

Em caso de execução baseada unicamente em título executivo judicial, o fiador ou fiadores integrarão o pólo passivo, na hipótese de terem sido partes no processo de conhecimento, pois não integrando a relação processual, os garantes não podem ser atingidos pelos efeitos diretos da coisa julgada.

---

[93] COAD. Advocacia dinâmica, jurisprudência. *Boletim Semanal*, n.25, p.398, Jun./2001.
[94] AZEVEDO, Álvaro Villaça. *Bem de família*. 3. ed. Ed. RT, p. 177.

7.4. Das perdas e danos

O Código Civil, de forma expressa, alude que o devedor responde também ao fiador por todas as perdas e danos que pagar, e pelos danos que sofrer em razão da fiança, é o que se entende do art. 1.496 do CC.

Assim, independente da sub-rogação, com juros que houver pagos, poderá ainda, o fiador, propor ação indenizatória, para compor as perdas e danos, em razão do inadimplemento causado pelo locatário devedor, o que se exemplifica, em caso de alienação de bens a preço inferior ao mercado, exatamente para desvincular-se da obrigação, evitando um processo executivo, que seria mais oneroso, com custas judiciais e imposição de honorários advocatícios.

É o caso também de obtenção de desconto ou redução para pagamento da dívida, justificando a venda de bens de propriedade do fiador, para solver a obrigação rapidamente, evitando maiores conseqüências e ônus financeiros.

A responsabilidade civil do locatário se converterá na obrigação de indenizar, se realmente causar prejuízos ao fiador, em conseqüência do inadimplemento das obrigações legais e contratuais do pacto oriundo da relação de locação.

O fiador com o real prejuízo sofrido, pois pela depreciação ou minoração de seu patrimônio, consistirá num dano positivo ou emergente, podendo, inclusive, se demonstrado, viabilizar a reparação dos danos, para restaurar o que o fiador perdeu ou deixou de ganhar, como na situação de alienação de bens para adimplir o débito, bens estes, que propiciavam uma considerável renda mensal, privação de ganho, que se denomina como um dano negativo ou lucro cessante.

Deve-se deixar claro, no que tange ao lucro cessante, que não basta uma mera possibilidade, mas uma probabilidade objetiva, resultante do desenvolvimento normal dos acontecimentos conjugados às circunstân-

O contrato de fiança e sua exoneração na locação

cias peculiares ao caso concreto, no dizer de Maria Helena Diniz.[95]

Poderá acontecer, também, que em face do inadimplemento do locatário, fique o fiador negativado nos órgãos de proteção ao crédito, como o SERASA, SPC (Serviço de Proteção ao Crédito), inviabilizando qualquer transação comercial, com obtenção de crédito, dificultando as atividades comerciais do fiador, por exemplo.

Neste último caso, poderíamos nos perguntar se, além do ressarcimento dos danos sofridos materialmente pelo fiador, caberia indenização por danos morais.

A possibilidade da satisfação do dano moral estaria associada à perturbação psíquica do fiador, com angústia, sofrimento, intranqüilidade decorrente da dívida gerada pelo seu afiançado, que ocasionou nos seus sentimentos um abalo que pode ser palpável e considerável, gerando reflexos econômicos pela indenização do dano extrapatrimonial.

A questão gera inúmeras discussões, mas o dano moral será cabível, se realmente for demonstrado cabalmente pelo fiador, que sofreu com o inadimplemento do afiançado, que além dos prejuízos patrimoniais, consubstanciados com os danos emergentes e até lucros cessantes, poderá, pela angústia e sofrimento, ter sido acolhido pela depressão, necessitando de amparo médico, auxílio psiquiátrico ou psicológico, dano que será passível de satisfação, por meio de arbitramento judicial, considerando as facetas do caso concreto.

7.5. Embargos à execução

A denominação embargos na sistemática processual civil apresenta várias significações, como recurso; embargos declaratórios (art. 535 do CPC), embargos

---

[95] DINIZ, Maria Helena. *Curso de direito civil brasileiro*: teoria geral das obrigações. 7. ed. São Paulo: Editora Saraiva, 1993. v. 2, p. 318.

infringentes (art. 530 do CPC), embargos de divergência (art. 496, VIII, do CPC), como ação; embargos de terceiros, com procedimento especial de jurisdição contenciosa (art. 1.046 do CPC), embargos como contestação; na ação monitória (art. 1.102a a 1.102c), além das figuras de embargos à arrematação, adjudicação e embargos de retenção.

Ao fiador, quando for o caso de execução forçada, por decorrência de processo de execução judicial, formulada em vista de título executivo extrajudicial, como o contrato de locação (art. 585, IV, do CPC), ou até em execução com base em título executivo judicial (art. 584, I, do CPC), pela sentença condenatória transitada em julgado, viabilizada pela ação formulada em despejo cumulada com cobrança (art. 62, I, da Lei 8.245/91).

Nesta última hipótese, na ação de despejo, o pedido de despejatório será cumulado com a cobrança dos aluguéis e encargos da locação, sendo que o fiador deverá ser citado, em face do litisconsórcio necessário, ainda que, a sentença e os efeitos da coisa julgada somente poderão atingir o fiador que tenha participado da relação jurídica processual como parte, não bastando neste caso, a simples intimação.

Os embargos à execução caracterizam-se como uma ação incidental desconstitutiva, que será autuada em apenso aos autos do processo de execução, objetivando a defesa do fiador executado, que tem legitimação por ser o sujeito passivo da execução forçada, como devedor, não sendo os embargos uma simples resistência passiva como a contestação no processo de conhecimento.[96]

Evidente que nos embargos do fiador-executado, deverá preencher os requisitos necessários para exercício da ação incidental, além dos pressupostos processuais subjetivos e objetivos, além das peculiaridades e requisitos de regularidade formal, que, resumidamente,

---

[96] THEODORO JUNIOR, Humberto. *Curso de direito processual civil.* 13. ed. Rio de Janeiro: Forense, 1994. v. II, p. 270.

destacamos: a competência a mesma da execução; como um nova ação, dependerá de pagamento de custas, com distribuição por dependência e autuação; a necessária segurança do juízo, que geralmente se dá pela penhora de bens, no caso da execução do fiador da locação; o prazo de 10 dias, contados em conformidade ao art. 738 do CPC; fundamentos jurídicos dos arts. 741 ou 745 do CPC; e ainda, o procedimento próprio com suas características próprias.

7.5.1. *Na execução com título extrajudicial*

Quando a execução se fundar em título executivo extrajudicial (contrato de locação), nos termos do art. 745 do CPC, é ampla a matéria que pode ser deduzida como fundamento dos embargos, inclusive as enumeradas no art. 741.

Os embargos do fiador executado serão opostos no prazo de 10 (dez) dias, contados da juntada aos autos da execução do mandado ou prova da intimação da penhora, em se tratando de execução contratual, por título extrajudicial, classificada como ação executiva por quantia certa contra devedor solvente (arts. 646/729 do CPC).

As defesas admissíveis nesses embargos, além das elencadas no citado art. 741 do CPC, aos quais as mais comuns são: inexigibilidade do título, ilegitimidade das partes, cumulação indevida, excesso de execução, causas impeditivas, modificativas ou extintivas da obrigação, tais como; pagamento, novação, compensação, transação ou prescrição.

Para viabilizar a execução forçada, os aluguéis deverão estar vencidos, devendo figurar no pólo ativo, o locador que ajustou o pacto locatício, e os acréscimos decorrerão dos juros, convencionais ou legais, evidente que os juros de 12% ao ano, são possíveis, desde que ajustados em cláusula contratual, bem como a cláusula penal moratória, de até 10% (dez por cento),[97] aplicável aos aluguéis e encargos, com os juros e a correção monetária, esta, geralmente pelos índices do IGPM (índice geral de preços), como fator de atualização da moeda corroída pela inflação, não sendo considerado acréscimo, mas instrumento de reposição da moeda.

A novação e a moratória, quando caracterizadas, destacadas nos itens anteriores, são formas de defesa utilizadas pelo fiador nos embargos à execução, onde demonstradas, através de prova robusta da sua ocorrência, ensejarão a procedência da ação incidental, eximindo o fiador dos encargos derivados da relação locatícia, a partir da sua configuração, tendo portanto a sentença, efeito *ex tunc*, pois os efeitos retroagirão na data da novação, ou moratória.

Sendo os acréscimos incompatíveis aos parâmetros legais e contratuais, viabilizará a defesa fundamentada no excesso de execução (art. 743 do CPC), pois os valores são superiores aos viabilizados no contrato de locação, não importando em nulidade da execução, mas em acolhimento parcial ou total dos embargos, no sentido de reduzir o valor executado ou impossibilitar o *quantum* pleiteado no processo executivo.

7.5.2. Na execução com título judicial

Para opor embargos à execução embasada em sentença, os fundamentos são restritos e relacionados no

---

[97] O art. 52 § 1º do Código de Defesa do Consumidor não se aplica às locações, mesmo com a redação dada pela Lei 9.298/96, que estabelece que as multas de mora decorrentes do inadimplemento de obrigações no seu termo não poderão ser superiores a 2% (dois por cento), pois aludido dispositivo no *caput*, restringe ao fornecimento de produtos ou serviços que envolva outorga de crédito ou concessão de financiamento ao consumidor, hipóteses essas que não se verificam entre locador e locatário. Portanto perfeitamente possível a cobrança de multa moratória nos contrato de locação, conforme dispõe o art. 62, II, alínea "b", da Lei 8.245/91, não podendo ultrapassar o percentual de 10% (dez por cento) do valor do débito, consoante art. 9º do Decreto 22.626/33, vigente no nosso ordenamento jurídico, porque não revogado por lei posterior, que o declarasse ou fosse incompatível.

O contrato de fiança e sua exoneração na locação

art. 741 do CPC, porque é inadmissível discutir o mérito da causa novamente, onde a sentença condenatória tem força de lei nos limites da lide e das questões decididas, operando a coisa julgada material, supondo evidente, decisão com conteúdo de mérito, pois inexiste coisa julgada quando as decisões foram somente de natureza processual.

O fiador, para ser atingido pelos efeitos da sentença condenatória, deverá ter integrado o pólo passivo como parte, embora existam controvérsias sobre esta questão, principalmente, quando se trata de ação de despejo por falta de pagamento cumulada com cobrança, onde a sentença "condena" ao pagamento dos aluguéis e encargos.

Não tendo o fiador ou fiadores figurado como parte no processo de despejo cumulado com cobrança de aluguéis, não podem ser reconhecidos como partes passivas no feito executivo com base no título judicial, sendo carecedor de ação o locador exeqüente em relação aos fiadores, inclusive sendo matéria de ordem pública que até mesmo prescinde de argüição pelos interessados, conduzindo a extinção do processo executivo, com fundamento no art. 267, inc. VI, do CPC.[98]

É acertada a posição, a teor do que estabelece o próprio art. 472 do CPC, que refere os limites subjetivos da sentença e coisa julgada, onde a sentença é restrita aos participantes da relação jurídica processual, somente as partes são alcançadas pela autoridade da coisa julgada, no caso, o fiador é terceiro que não participou da relação processual, não teve posição no processo, podendo até mesmo ignorar, não sendo afetado pelos efeitos da coisa julgada.

---

[98] Nesse mesmo sentido, entre outros, o acórdão exarado no julgamento dos embargos infringentes n. 70000486126, julgado pelo 8º Grupo Cível do Tribunal de Justiça do Rio Grande do Sul, Rel. Des. Otávio Augusto de Freitas Barcelos, com a seguinte ementa: Embargos Infringentes. Execução ilegitimidade *ad causam* dos fiadores para responder pelo pagamento de aluguéis impagos por não haverem sido citados dos termos da ação de despejo por falta de pagamento, cumulada com cobrança. Precedentes. Ilegitimidade reconhecida de ofício, prejudicado o exame dos embargos infringentes. Unânime.

O fundamento resulta do princípio *res inter alios iudicata, aliis non praeiudicare,* onde apenas as partes da relação jurídica processual são alcançadas pela autoridade da coisa julgada, no sentido de produzir lei entre as partes, sem atingir ou prejudicar terceiros que não tenham participado da demanda.

Mesmo a obrigação do fiador estando lastrada em contrato de locação escrito, com uma ação de despejo cumulada com cobrança, produzindo um título executivo judicial, tem a força de substituir o título extrajudicial, no caso o contrato, pois seria uma modificação posterior em relação ao pacto originário.

Ainda assim, poderia ser argumentado pelo locador, em sentido contrário, na hipótese de ter ajuizado ação de despejo por falta de pagamento de aluguéis com cobrança, sem a participação do fiador, que não se estenderia os efeitos da sentença produzida, inviabilizando a execução por título judicial, mas não estando impedido de propor execução com base em título executivo extrajudicial, ou seja, o contrato de locação firmado entre as partes.

Esta postura merece também respeito, pois apresenta subsídios relevantes, onde na ação cumulativa sem a presença do fiador, não poderia viabilizar a sua exigibilidade, mas não afastaria a vinculação contratual, nos exatos moldes ajustados na contratação da locação, possibilitando o locador exigir a satisfação do seu crédito dos aluguéis, decorrente do contrato escrito, sem influência da sentença proferida.

No tocante à ação de despejo por falta de pagamento, sem a cumulação com cobrança, outra questão que desperta é a que se refere à condenação nas custas processuais e honorários advocatícios; situação em que os fiadores não integram a relação processual, e nem precisam, pois a ação de despejo visa à obtenção do imóvel, não basicamente à cobrança dos valores locatícios, seriam apenas intimados da propositura da ação, e diante disso, seriam ou não responsabilizados pelos ônus de sucumbência, produzidos pela sentença, de um processo que foram comunicados (intimados), não citados para integrar a relação jurídica.

Existe o entendimento que o fiador tendo sido intimado da ação de despejo por falta de pagamento, responde pelas despesas processuais, apenas se eximindo quando não tenha sido cientificado da ação, o que se denota que os fiadores podem ser executados pelos ônus da sucumbência, decorrentes de ação de despejo, quando foram cientificados, aliás, com posição adotada pelo STJ, 4ª Turma, em recurso especial 8.005/SP, tendo como relator o Ministro Sálvio de Figueiredo Teixeira, em julgamento de 29/10/1991.

No mesmo sentido, a conclusão nº 33, VI Encontro Nacional dos Tribunais de Alçada, aprovada por unanimidade; "Inexiste responsabilidade do fiador pelas despesas e honorários da ação de que não teve ciência. A responsabilidade pelo débito contratual, no entanto, não fica afetada pela falta de intimação."

Portanto, na ação de despejo por falta de pagamento, sem a cumulação com cobrança, para que o locador exija do fiador as despesas processuais e os honorários advocatícios arbitrados, é indispensável que seja devidamente intimado, mas a sua ausência, não inviabilizará a execução dos aluguéis, onde permanecerá a responsabilidade pelo débito contratual.

7.5.3. A exceção de pré-executividade

Para autorizar o feito executivo, é necessário e imprescindível o preenchimento dos requisitos legais que validem o processo, e que deverão ser verificados *ex officio* pelo juiz da causa, o que significa que além das condições de exercício da ação, deverão preencher os requisitos específicos do título executável, pela própria certeza, liquidez e exigibilidade.

A exceção de pré-executividade é uma forma de controle de admissibilidade da ação executiva, que independente da ação de embargos do devedor, onde através de simples petição nos autos, sem qualquer pagamento de custas judiciais, nem mesmo exigível a segurança do juízo, através da penhora, por exemplo, o executado evita a constrição judicial de bens, em face da carência de ação do exeqüente.

Embora o objeto da exceção seja matéria de ordem pública decretável de ofício pelo juiz, independente de manifestação do devedor,[99] pois as nulidades, os vícios processuais, tornam ineficaz o título executivo, e diante da inércia do juiz, poderá o executado antes mesmo da citação inicial ou após alegar em petição dirigida diretamente aos autos da execução, as alegações de nulidade, como a ausência de liquidez, certeza e exigibilidade, condições básicas exigidas no processo executivo, constituindo-se em vício fundamental, o que aliás é norma inserida no art. 618 do CPC.

Tratando-se de locação, o fiador poderá alegar a nulidade da execução, quando o contrato de locação que é o título executivo extrajudicial não apresenta os requisitos para tal, exemplificando: a ausência da assinatura do próprio fiador ou do locador no contrato, quando o bem imóvel objeto do contrato não corresponder aos aluguéis que estão sendo cobrados pelo locador-exeqüente, até mesmo, a execução de sentença onde o fiador não tenha integrado como parte, no processo de conhecimento.

É comum a alegação da descaracterização do contrato de locação, como título executivo, a ausência de testemunhas no pacto locatício, o que é totalmente equivocada, pois o legislador não faz qualquer exigência nesse sentido, consoante o inciso IV do art. 585, pois apenas na hipótese relacionada no inciso II, no tocante

---

[99] Neste sentido: ASSIS, Araken de. *Manual do processo de execução*. v. I, p.344, e NERY JUNIOR, Nelson. Princípios do processo civil na Constituição Federal, p. 128.

ao documento particular, que deverá ser assinado por duas testemunhas.

Tanto a doutrina como a jurisprudência se manifestam, que a nulidade da execução deve ser apreciada de ofício, podendo ser perfeitamente suscitada a qualquer tempo, por meio de simples petição na ação executiva, sendo desnecessária a oposição de embargos à execução, pois a ausência de elemento essencial, importar em obstar a constituição válida e regular do desenvolvimento do processo.

O Superior Tribunal de Justiça entende nesse sentido, conforme parte da ementa que claramente menciona: "Não se revestindo o título de liquidez, certeza e exigibilidade, condições basilares no processo de execução, constitui-se em nulidade, como vício fundamental, podendo a parte argüi-la, independente de embargos do devedor, assim como pode e cumpre ao juiz declarar, de ofício, a inexistência desses pressupostos formais contemplados na lei processual civil".[100]

Por oportuno, a exceção de pré-executividade, em razão de fundar-se na ausência de algum dos requisitos da execução, *tem o condão de suspender o curso do processo executivo*,[101] impedindo o prosseguimento da execução, em face do próprio princípio do devido processo legal.

A decisão que não acolher a argüição de exceção é uma decisão interlocutória, que decidiu uma questão incidental no processo executivo, sem pôr termo, cabendo a interposição do recurso de agravo, ao contrário, se o juiz acolher a exceção de pré-executividade, em decorrência da nulidade suscitada, onde a decisão vai extinguir o processo, por meio de uma sentença, sendo cabível o recurso de apelação.

---

[100] Recurso Especial nº 130060-SP, 3ª Turma, Rel.Min. Waldemar Zveiter, DJU de 03.02.92.

[101] MOREIRA, Lenice Silveira. *A exceção de pré-executividade em matéria tributária*. Porto Alegre: Livraria do Advogado, 2001. p. 100.

7.6. Embargos de terceiro

Na verdade, não se trata de ação pertinente ao fiador, mas à mulher do fiador, que não participou do pacto acessório junto ao contrato de locação, e dada a sua importância prática, principalmente no contexto da relação locatícia, destacamos junto às ações relacionadas ao fiador, que seria melhor dizendo, ações condizentes ao instituto da fiança e sua utilização na locação urbana.

Considerando que a fiança dada pelo marido sem a participação ou anuência da mulher é anulável, e não nula, pois esta poderia ser alegada por simples petição nos autos do processo, e destacável até de ofício pelo juiz, a fiança anulável, além dos embargos à execução, seria oponível por meio de ação de embargos de terceiro, ação com procedimento especial de jurisdição contenciosa, consubstanciada no art. 1.046 do CPC, oportunizando a quem não for parte no processo, em caso de turbação ou esbulho na posse de seus bens, como no caso da fiadora, em virtude de constrição, como a penhora, venha por meio dos embargos, defender a posse de bens dotais, próprios, reservados ou de sua meação, faculdade estampada no parágrafo terceiro do aludido dispositivo legal.

É irrefutável que a invalidade da fiança, resulta pela ausência da outorga uxória pela mulher ou autorização marital pelo esposo, ativadas como dito por embargos à execução, mas que diante da inércia, não inviabiliza a ação dos embargos de terceiros, aliás, nesse sentido a Súmula 134 do STJ: "Embora intimado da penhora em imóvel do casal, o cônjuge executado pode opor embargos de terceiro para defesa de sua meação", destacando a via judicial possível.

Nesse fundamento, existe uma dupla legitimidade, onde especificamente nos embargos de terceiro, em face da ausência de consentimento, objetiva evitar que a sua meação seja atingida e responda pelo débito, em virtude

O contrato de fiança e sua exoneração na locação

de uma garantia fidejussória, na qual não tenha participado.

Enunciamos que não corresponde ao fiador que tenha prestado a garantia, a ação de embargos de terceiro, nem mesmo tem legitimidade para anular a fiança ou afastar a constrição, sendo flagrante a sua carência de ação, devendo ser opostos pelo cônjuge que não tenha assentido, no sentido de desconstituir a penhora, o que poderá até, ser cumulada com ação anulatória do contrato acessório de fiança, em vista da ausência de outorga ou autorização.

8. Considerações finais

No contexto, e apreciação do contrato de fiança e sua exoneração na relação locatícia, decorrente da legislação do inquilinato e do próprio direito civil brasileiro, constatamos não apenas no plano teórico, mas principalmente na prática, junto aos casos concretos, a importância da fiança como instituto e modalidade de garantia nos pactos locatícios, que envolvem os imóveis destinados à locação urbana, tanto para fins residenciais ou não residenciais.

O trabalho não teve o condão de esgotar a matéria, que é ampla, controvertida na doutrina e jurisprudência, com posições e entendimentos que se adaptam no decurso do tempo, que evoluí perante o sistema, e até pela necessidade da própria coletividade, em buscar na locação, forma de suprir as suas necessidades ligadas à habitação, sejam com objetivo profissional, familiar, até mesmo temporária, onde a garantia, consubstanciada através de pacto acessório ao contrato de locação, classificado na concepção contratual, através dos critérios jurídicos, como principal, passa a ser indispensável para a conclusão, parecendo até, que o "principal" para obter a locação de qualquer imóvel é a garantia, sendo a mais acessível e exigida, a fiança locatícia, como garantia pessoal, e praticamente em segundo plano a própria locação, que parece mais "acessória", já que antes de mais nada, sem garantia, praticamente não há locação de imóvel.

Mesmo diante desta postura imposta pelo próprio mercado imobiliário, e diante das dificuldades econômicas que afligem as partes, momento é chegado, que o garantidor, procura ou tenta desesperadamente alforria-se da garantia, que ao seu alvitre parece perpétua, sem fim, e o instrumento mais condizente, para insculpir a luz no fim do túnel, sem dúvidas, passa a ser a ação de exoneração de fiança, como instrumento processual capaz de alcançar a prestação jurisdicional efetiva e inarredável, de liberação, mas para isso, demanda requisitos e pressupostos que deverão ser perfeitamente preenchidos, caso contrário, o caminho poderá ser tortuoso e difícil, e as vezes inatingível, não é exagero, basta enumerar o entendimento de validar a renúncia ao direito de exonerar-se, constatamos: a fiança será perpétua?

Com essa postura, é que a obra apresenta pontos de reflexão para o aperfeiçoamento do sistema jurídico atinente às garantias, e de liberação do garantidor, buscando oferecer elementos não apenas judiciais, por via das inúmeras ações que poderão ser tuteladas e chanceladas pelo Estado, mas também de prevenção, antecipando e evitando os conflitos que envolvem as partes na relação contratual.

Existem soluções postas pelo legislador pátrio, até porque a todo direito corresponde uma ação que o assegura, mas mudanças e adaptações se fazem necessárias, no sentido de equilibrar a relação contratual, enquanto isso, cabem aos operadores do direito enunciar medidas e precisar interpretações em consonância aos postulados legais, onde a ação de exoneração de fiança, se perfaz como via de liberação para os fiadores, diante das inúmeras facetas postas na relação de grande importância no cenário econômico.

Bibliografia

AZEVEDO. Álvaro Villaça. *Bem de família.* 3. ed. São Paulo: RT, p. 177.

BEVILÁQUA, Clóvis. *Código Civil dos Estados Unidos do Brasil.* v. IV. 6. ed. Rio de Janeiro: Editora Rio, 1958.

CARLETTI, Amilcar. *Dicionário de latim forense.* 8. ed. São Paulo: Leud, 2000.

CARREIRA ALVIM, J.E. *Elementos de teoria gral do processo.* 7. ed. Rio de Janeiro: Forense, 2000.

CARVALHO SANTOS, J.M. *Código Civil Brasileiro Interpretado,* 9. ed, v. XIX. Rio de Janeiro: Freitas Bastos S/A, 1977.

COAD. Advocacia dinâmica, jurisprudência. *Boletim Semanal,* n.25, p.398, Jun./2001.

COELHO, José Fernando Lutz. Novação. Considerações gerais. A caracterização ou não nos aditivos a contratos de locação. *Revista Ajuris,* nº 66, março/99, p.330.

CÓDIGO CIVIL BRASILEIRO INTERPRETADO. 9. ed. Rio de Janeiro: Freitas Bastos S/A, 1977. v.XIX.

CÓDIGO CIVIL ESPANHOL. Aranzadi Editorial, 2000.

CRETELLA JÚNIOR, José. *Comentários à Constituição Brasileira de 1988.* 2. ed. São Paulo: Forense Universitária, 1994.

DE PLÁCIDO E SILVA. *Vocabulário jurídico.* 7. ed. Rio de Janeiro: Forense, 1982. v.1.

DINIZ, Maria Helena. *Curso de direito civil brasileiro:* teoria geral das obrigações. São Paulo: Saraiva, 1993. v. 2.

——. *Lei de locações de imóveis urbanos comentada.* 6. ed. São Paulo: Saraiva, 2001.

GOMES, Orlando. *Obrigações.* 9. ed. Rio de Janeiro: Forense, 1994.

KELSEN, Hans. *Teoria pura do direito.* 4. ed. São Paulo: Martins Fontes, 1994.

LIMA, João Franzen. *Curso de Direito Civil Brasileiro: dos contratos.* v. III, tomo III. Rio de Janeiro: Forense, 1961.

O contrato de fiança e sua exoneração na locação

LOPES, Miguel Maria de Serpa. *Curso de Direito Civil*. 3. ed. v. IV. São Paulo: Livraria Freitas Bastos.

MARINONI, Luiz Guilherme. A antecipação da tutela na reforma do processo civil. *Revista dos Tribunais*, São Paulo, p.1 3–115, 1995.

MARMITT, Arnaldo. *Fiança civil e comercial*. Rio de Janeiro: Aide, 1989.

MAXIMILIANO, Carlos. *Hermenêutica e aplicação do direito*. 18. ed. Rio de Janeiro: Forense, 2000.

MIRANDA, Francisco Cavalcanti Pontes de. *Tratado de direito privado, direito das obrigações*. 2. ed. Tomo XLIV. Rio de Janeiro: Borsói, 1963.

——. *Tratado de direito privado*. Tomo LVIII. Rio de Janeiro: Borsói, 1968.

——. *Comentários ao Código de Processo Civil*. Tomo XIII. Rio de Janeiro: Forense, 1977.

MONTEIRO, Washington de Barros. *Curso de direito civil, direito das obrigações*. 2. ed. v.2, São Paulo: Saraiva. p. 395.

MOREIRA, José Carlos Barbosa. Efetividade do processo e técnica processual. *Revista Ajuris*, v. 64, 1995.

MOREIRA, Lenice Silveira. *A exceção de pré-executividade em matéria tributária*. Porto Alegre: Livraria do Advogado, 2001. p. 100.

NASCIMENTO, Tupinambá Miguel Castro. *Comentários ao Código de Defesa do Consumidor*. 3. ed. Rio de Janeiro: Aide, 1991. p. 14.

PACHECO, José da Silva. *Tratado das locações, ações de despejo e outras*. 9. ed. RT, 1994. p. 315.

——. *Comentários à nova lei do inquilinato sobre as locações dos imóveis urbanos e seus procedimentos*. São Paulo: RT, p. 129.

PASSOS, José Joaquim Calmon de. *Comentários ao CPC*. 8. ed. Rio de Janeiro: Forense, 1999.

PEREIRA, Alfeu Bisaque. Juizados especiais cíveis: uma escolha do autor em demandas limitadas pelo valor do pedido, ou da causa. *Seleções Jurídicas*, ADV, COAD, p. 47. mai. 1996.

PEREIRA, Caio Mário da Silva. *Instituições de direito civil*. 10. ed. v. III. Rio de Janeiro: Forense, 1999.

REVISTA *Julgados do Tribunal de Alçada do RS*, n. 97, p.307.

RODRIGUES, Sílvio. *Direito civil, dos contratos e das declarações unilaterais de vontade*. 10. ed. v. III. São Paulo: Saraiva, 1980.

SALERMO, Marcelo U. & LAGOMARSINO, Carlos A.R. (concordato y comentado).*Código Civil Argentino y legislación complementaria*. Buenos Aires: Editorial Helialista, 2000.

SANSEVERINO, Milton. Renunciabilidade do direito à exoneração. *Revista Jurídica*, n. 229, p. 5, nov./1996.

SANTOS, Moacyr Amaral dos. *Comentários ao Código de Processo Civil*. 3. ed. Rio de Janeiro: Forense, 1982.

SEGALLA. Alessandro Schirrmeister. Da possibilidade de utilização da ação de despejo pelo fiador do contrato de locação. *Revista Jurídica*, n. 279, p. 22-41, Jan/2001.

SILVA, José Afonso da. *Curso de direito constitucional positivo.* 9. ed. Malheiros, 1992.

SILVA, Ovídio Baptista. *Curso de processo civil.* 3. ed. v. 1. Porto Alegre: Fabris, 1996.

SLAIB FILHO, Nagib. *Comentários à nova lei do inquilinato.* 9. ed. Rio de Janeiro: Forense, 1997.

SOUZA, Sylvio Capanema de. *A nova lei do inquilinato comentada.* 2. ed. Rio de Janeiro: Forense, 1993.

SUPERIOR TRIBUNAL DE JUSTIÇA. Brasília. Disponível em: www.stj.gov.br.

THEODORO JUNIOR, Humberto. *Curso de direito processual civil.* 13. ed. Rio de Janeiro: Forense, 1994. v.II.

TUCCI, Rogério; VILLAÇA, Azevedo. *Tratado da locação predial urbana.* São Paulo: Saraiva, 1980. v.1.

O contrato de fiança e sua exoneração na locação

O maior acervo de livros jurídicos nacionais e importados

Rua Riachuelo 1338
Fone/fax: **0800-51-7522**
90010-273 Porto Alegre RS
E-mail: livraria@doadvogado.com.br
Internet: www.doadvogado.com.br

Entre para o nosso *mailing-list*

e mantenha-se atualizado com as novidades editoriais na área jurídica

Remetendo o cupom abaixo pelo correio ou fax, periodicamente lhe será enviado gratuitamente material de divulgação das publicações jurídicas mais recentes.

✂ --

✓ Sim, quero receber, sem ônus, material promocional das NOVIDADES E REEDIÇÕES na área jurídica.

Nome: _____

End.: _____

CEP: _____-_____ Cidade _____ UF:____

Fone/Fax: _____ Ramo do Direito em que atua: _____

Para receber pela
Internet, informe seu **E-mail**: _____

_____
assinatura

Visite nosso
site

www.doadvogado.com.br

ou ligue grátis
0800-51-7522

> DR-RS
> Centro de Triagem
> ISR 247/81

CARTÃO RESPOSTA
NÃO É NECESSÁRIO SELAR

O SELO SERÁ PAGO POR

LIVRARIA DO ADVOGADO LTDA.

90012-999   Porto Alegre   RS